FACULTÉ DE DROIT DE POITIERS.

DE LA LÉGITIME OU RÉSERVE

THÈSE

POUR

LE DOCTORAT

Soutenue le jeudi 12 février 1857, à 2 h. ½ du soir,

Par Théodat Roger,

D'Amboise (Indre-et-Loire).

POITIERS,

IMPRIMERIE DE A. DUPRÉ,

RUE DE LA MAIRIE, N° 10.

1857.

FACULTÉ DE DROIT DE POITIERS.

DE LA LÉGITIME OU RÉSERVE

THÈSE

POUR

LE DOCTORAT

Soutenue le jeudi 12 février 1857, à 2 h. $\frac{1}{2}$ du soir,

Par Théodat Roger,

D'Amboise (Indre-et-Loire).

POITIERS,

IMPRIMERIE DE A. DUPRÉ,

RUE DE LA MAIRIE, N° 10.

1857.

COMMISSION :

PRÉSIDENT,	M. PERVINQUIÈRE (A.) ✻.	
SUFFRAGANTS,	M. FEY ✻,	Professeurs.
	M. BOURBEAU,	
	M. RAGON,	
	M. MINIER,	Suppléant.

Vu par le président, PERVINQUIÈRE (A.) ✻.

Vu par M. le doyen, FOUCART ✻.

Vu par M. le recteur, JUSTE ✻, *v. g. de Rouen.*

« Les *visas* exigés par les règlements sont une garantie des principes » et des opinions relatives à la religion, à l'ordre public et aux bonnes » mœurs (*Statut du* 9 *avril* 1825, *art.* 41), mais non des opinions » purement juridiques, dont la responsabilité est laissée aux candidats.

» Le candidat répondra en outre aux questions qui lui seront faites » sur les autres matières de l'enseignement. »

A MON PÈRE, A MA MÈRE.

DE LA
LÉGITIME OU RÉSERVE.

La raison et les sentiments de la nature appellent
les enfants à recueillir les biens de leurs père et mère;
c'est pour ceux-ci un devoir de les leur conserver.
Mais leur fortune ne peut être soumise tout entière à
cette obligation ; l'admettre d'une manière absolue, ce
serait enlever aux parents le droit de propriété, au
père de famille la magistrature domestique dont la
nature l'a revêtu.

Cette fortune qu'il a reçue de ses aïeux ou créée par
son industrie, il a pu, par toute espèce d'actes de
commerce, l'accroître ou la diminuer, l'anéantir même
par une gestion inhabile ou malheureuse. Le droit de
propriété ne consiste pas seulement dans le pouvoir de
disposer à titre onéreux ; ce n'est là qu'une large administration du patrimoine, un échange en quelque
sorte des biens qui le composent. La plus douce pré-
rogative du droit de propriété, c'est la bienfaisance,
dont la morale nous fait un devoir et que le christia-
nisme a placée au nombre de ses premiers préceptes.
Et cette obligation peut se trouver augmentée encore
par la reconnaissance d'un service reçu. Enfin, la famille, comme toutes les sociétés, dont elle est le fon-

1

dement et le modèle, doit avoir un chef qui la gouverne
et qui donne à chacun selon ses mérites et ses besoins.
Il faut que le père ait la faculté de récompenser ou de
punir, de réparer entre ses enfants les inégalités de la
nature ou les injustices aveugles de la fortune.

Ainsi, vocation des enfants à la succession de leurs
père et mère, droit de propriété des parents s'exerçant
par des dispositions envers leurs enfants ou envers
les étrangers, ce sont là deux principes du droit naturel que tout législateur doit reconnaître et concilier.
La loi des XII Tables, en donnant au citoyen romain
un pouvoir illimité de disposition; en France, la loi du
17 nivôse an II, restreignant ce pouvoir au dixième
du patrimoine, ont méconnu ces principes. La première a nié le droit des enfants; la seconde, le droit
de propriété et de puissance du père.

Ce que la raison et l'équité demandent, c'est que ces
droits rivaux soient consacrés par les lois civiles; à
elles seules de déterminer quelle proportion il convient
d'établir entre eux, de fixer la portion de biens que
les parents doivent réserver à leurs enfants, la portion
qu'ils peuvent donner à l'un d'eux ou à des étrangers.
La première est la *réserve* ou *légitime;* la seconde,
la *quotité disponible*. Ces deux mots de réserve ou légitime, qui désignent une seule et même institution
de notre droit actuel, ont chacun un sens historique
particulier : l'un nous vient du droit romain, l'autre
appartient au droit coutumier.

C'est donc sur le droit des enfants aux biens de leurs
père et mère que repose l'institution de la réserve; telle
est la base que lui donnait la haute raison des juris-

consultes romains ; et l'un d'eux, Paul, nous dit dans ce langage admirable des lois romaines : *Cum ratio naturalis, quasi lex quædam tacita, liberis parentium hereditatem addiceret, velut ad debitam successionem eos vocando... ac ne judicio parentis nisi meritis de causis, summoveri ab ea successione possunt.*

Si, dans l'ordre de la nature, les enfants succèdent à leurs parents, cet ordre peut être interverti ; la mort peut frapper le fils avant le père Il serait contraire aux sentiments de l'affection et de la reconnaissance que le fils, épuisant par ses libéralités tout son patrimoine , fît à son père l'injure de l'oublier dans la distribution de ses biens. Les lois civiles doivent donc, conciliant le droit de propriété et les devoirs de la piété filiale, donner aux pères une légitime ou réserve dans la succession de leurs enfants.

Enfin une personne peut ne laisser à son décès ni enfants ni ascendants, mais seulement des frères ou sœurs, ou des parents plus éloignés. Sans doute, les liens du sang et l'affection désignent les héritiers, à défaut d'un choix fait par le défunt lui-même ; mais devra-t-il laisser à ses frères ou autres parents une partie de ses biens ? Ces liens du sang sont-ils assez étroits , ces devoirs de la parenté sont-ils assez impérieux pour que la loi positive vienne porter atteinte au droit de propriété, alors qu'il ne se trouve plus en présence des devoirs sacrés de la paternité ou de la piété filiale ? La loi naturelle n'impose plus ici ses préceptes au législateur, qui peut, sans les violer, admettre ou rejeter, suivant les idées ou les besoins de la nation, une réserve en faveur des frères et des autres collatéraux.

Tous ces devoirs, ces droits, ces intérêts, les rédacteurs du Code Napoléon les ont réglés et conciliés avec une modération et une sagesse admirable ; mais ils ont fait peu d'innovations ; ils avaient à choisir entre les différents systèmes des législations antérieures, le droit romain, les coutumes, les lois de la révolution. Il importe donc de les connaître au moins d'une manière générale, afin de bien déterminer la nature de la réserve dans notre droit actuel.

DROIT ROMAIN.

DU TESTAMENT INOFFICIEUX.

Dans le droit romain primitif, chaque famille forme, au milieu de la société générale, une société particulière soumise à un régime despotique. A la tête se trouve un chef, maître et propriétaire de tous les autres, de tout le patrimoine. La propriété, concentrée dans chaque famille, est à sa libre et entière disposition : corps et biens, tout est à lui (1); il vend, juge, condamne ses enfants; lui seul aliène les biens, les donne entre-vifs, les transmet par testament

. La faculté illimitée de disposer par testament, que la loi des Douze Tables reconnaissait au chef de famille, reçut diverses modifications fondées sur deux motifs complétement différents. Les unes eurent pour but d'assurer l'exécution des volontés des pères de famille par une sage réglementation de leur droit de tester, qui les garantît contre leur propre imprévoyance : telles furent les lois Furia, Voconia, Falcidia ; les autres furent de véritables restrictions introduites dans l'intérêt de la famille : attribution aux fils de la propriété des pécules, loi Cincia, exhérédation, plainte d'inofficiosité contre les testaments, *querela inofficiosi testamenti*, étendue plus tard aux donations.

Le père n'est plus maître absolu des biens de la famille; ses enfants sont considérés en quelque sorte

(1) Ortolan, *Général. du droit romain*, n° 10.

comme propriétaires, même de son vivant; ils n'acquièrent pas son hérédité; ils prennent une plus libre administration des biens (1). De là pour le père la nécessité de les écarter par une déclaration expresse. Sans doute cette obligation, dont la mère et les ascendants maternels sont dispensés, n'est qu'une formalité pour le testateur; elle ne limite en rien sa liberté de disposer; mais c'est un pas fait dans une voie de protection et de faveur pour les enfants. La sanction de cette obligation est la nullité du testament, si le fils omis est en puissance, et la concession de la possession de biens, s'il est émancipé. Si le père a exhérédé ses enfants, qu'ils soient en puissance ou émancipés, sa volonté s'exécute, et ceux qu'il a appelés à son hérédité viennent la recueillir.

Mais la culture des lettres et de la philosophie, le contact avec les nations et les coutumes étrangères, les édits des préteurs, les travaux des prudents, tendent à faire pénétrer dans le droit civil les principes du droit naturel. Les jurisconsultes considèrent la succession des pères comme une créance au profit des enfants, qui n'en peuvent être privés que pour de justes motifs (2). Celui qui injustement exclut son fils de sa succession blesse les sentiments de la nature et manque aux devoirs que lui imposent le sang et l'affection; d'où son testament est dit inofficieux, *non ex officio pietatis conscriptum* (3).

Il faut introduire dans le droit ce principe d'équité

(1) Dig., *de lib. et post.*, l. 11.
(2) Paul, Dig., l. 7, *de bonis damnat.*
(3) Paul, Sent. 4, 5, 1.

naturelle. Les dispositions législatives s'y opposent.
On recourt à une fiction : le père qui, sans motifs réels,
a préféré un étranger à ses propres enfants, n'a pas
joui de la plénitude de sa volonté et de sa raison ; il a
agi comme s'il n'avait pas été sain d'esprit au moment
qu'il a fait son testament. Ce fut sous ce prétexte (1)
que les premières attaques furent dirigées par les enfants contre les testaments de leurs pères devant le tribunal des centumvirs, auquel appartenait la connaissance de toutes les questions d'hérédité. Le juge
examinait si les enfants n'avaient pas mérité l'exhérédation ; et, dans ce cas, ils prononçaient que le père
avait manqué de sagesse et testé contre le devoir de la
piété paternelle. Et comme il était considéré *quasi non*
sanœ mentis, son testament ne recevait aucune exécution,
et l'hérédité légitime s'ouvrait au profit des enfants.

La *querela inofficiosi testamenti* était donc une espèce
de *petitio hereditatis ;* c'est en effet une action par laquelle on attaque le testament et on demande en même
temps l'hérédité. Quelques testaments furent rescindés,
et la plainte d'inofficiosité passa dans la jurisprudence
ordinaire (2). Puis on pensa que si la mort, s'écar-
tant de l'ordre de la nature, frappait d'abord le fils,
c'était pour lui un devoir de laisser son hérédité à son
père, et on donna à celui-ci la plainte d'inofficiosité.

Cette institution ne fut donc point établie par une
loi. Les textes suffisent pour prouver que c'est dans
l'interprétation des prudents qu'il faut en chercher

(1) Instit., 2, 18, *princip.*
(2) Dig., *de inof. test.*, l. 1.

l'origine. Il est difficile de déterminer l'époque à laquelle on commença à l'admettre. Valère Maxime nous
apprend qu'elle existait déjà à l'époque de Pompée, et
Cicéron en parle dans deux de ses ouvrages (1). Tout
fut, dans l'origine, abandonné à l'appréciation du juge;
mais l'usage fréquent de la plainte d'inofficiosité amena
l'établissement d'un ensemble de règles exposées dans
deux titres du Digeste et du Code, et qui furent profondément modifiées par Justinien.

Le résultat de l'action d'inofficiosité est la nullité du
testament, si la plainte est fondée. Ceux qui attaquent
le testament prétendent succéder au défunt, comme s'il
était décédé intestat. L'action ne peut donc appartenir
qu'à ceux qui sont appelés à l'hérédité ou à la possession de biens; car autrement ils n'auraient aucun intérêt, et l'intérêt est la base de toute action en justice.
Si une personne qui n'est pas appelée à la succession
attaquait le testament, le bénéfice en reviendrait aux
héritiers *ab intestat.*

Il faut donc se reporter aux règles sur les hérédités
ab intestat et suivre les changements qu'elles ont subis,
pour connaître les personnes qui peuvent intenter la
plainte d'inofficiosité.

Elle appartient d'abord aux enfants et descendants
en puissance, qu'ils y aient été soumis dès le moment
de leur naissance, ou par suite du bienfait postérieur de la légitimation, et à ceux qui, conçus seulement au décès de leur père, se seraient trouvés, en

---

(1) Val. Max., l. 7, ch. 7, ex. 2; Cic., *de Orat.*, l. 38,57; *in. Verr.*, 1, 42.

naissant sous sa puissance, les postumes héritiers siens ; aux enfants adoptifs, assimilés par le droit civil à ceux qui sont issus de justes noces. Mais, par suite des innovations de Justinien, la *querela* n'est plus donnée qu'aux enfants adoptés par un ascendant. A l'égard de ceux-ci, l'adoption produit ses anciens effets. Mais les enfants donnés en adoption à un étranger conservent tous leurs droits dans leur famille naturelle, et ils n'acquièrent des droits qu'à la succession *ab intestat* de l'adoptant. Il en est de même des enfants adoptés par une femme avec l'autorisation du prince. Depuis le sénatus-consulte Orphitien, les enfants, même les *spurii*, appelés à la succession de leur mère, pourraient attaquer son testament comme inofficieux. Du reste, même avant le sénatus-consulte, la *querela* était accordée aux enfants dans le cas particulier où leur mère décédait *in manu ;* ils venaient alors à sa succession en qualité de *consanguinei.*

Aux enfants appelés par le droit civil à l'hérédité *ab intestat* il faut ajouter ceux auxquels le préteur accorde la possession de biens, les émancipés et les descendants d'émancipés ; ceux qui sont restés *sui juris* viennent avec les héritiers siens ; ceux qui ont passé dans une famille étrangère ne sont appelés qu'au rang des cognats. Les postumes externes ont aussi le droit d'exercer la *querela.* Le disposant, la mère ou l'ascendant maternel pouvait l'instituer, et l'institution, nulle en droit civil, eût permis au postume de demander et d'obtenir la possession de biens. Enfin, depuis la constitution de Théodose (1), les descendants d'une fille

(1) C. Th., l. 5, const. 5.

décédée avant le testateur peuvent se plaindre de son testament, comme l'aurait fait leur mère.

Le testament d'un militaire n'est pas soumis à la *querela*, quelle que soit d'ailleurs sa forme, et le fils qui l'attaque serait-il militaire lui-même. Ulpien pensait que ce privilége subsisterait pendant un an pour le vétéran (1). De même encore le testament du fils de famille sur ses pécules castrans et quasi-castrans ne peut être attaqué par ses enfants; mais si le fils de famille devient *sui juris*, comme il n'y a plus de pécule, on rentre sous l'empire du droit commun.

La *querela* était accordée aux ascendants. Dans l'ancien droit, ils ne pouvaient l'exercer que dans un cas, celui où le fils avait été émancipé *contracta fiducia*; depuis Justinien, cette condition est toujours sous-entendue. Le fils en puissance n'avait pas d'héritier *ab intestat*; le père reprenait comme siens les biens dont le fils avait eu la jouissance; puis les pécules furent établis: les enfants eurent la libre disposition de leurs pécules castrans et quasi-castrans; ce qui fut confirmé par Justinien (2). Quant au pécule qu'on a appelé adventice, et qui, dans le principe, composé seulement des biens que le fils avait recueillis dans la succession *ab intestat* ou testamentaire de sa mère, comprit, sous Justinien, tout ce qui appartenait au fils de famille, sauf les pécules castrans et quasi-castrans et ce qui provenait *ex substantiâ patris* (3), ce pécule forma une véritable hérédité; et les ascendants purent attaquer comme in-

(1) L. 8, § 4, ff. *de inof. test.*
(2) L. 24, C. *eod. tit.*
(3) L. 6, C. *de bonis quæ liberis.* etc.

officieux le testament par lequel le fils de famille
avait disposé de ce pécule. La *querela* fut accordée aussi
à l'ascendant qui avait donné son fils en adoption. La
mère, appelée par le sénatus-consulte Tertullien à la
succession de ses enfants, put attaquer leur testament
pour cause d'inofficiosité.

Le droit d'attaquer le testament comme inofficieux
était donné aux enfants et ascendants d'une manière
absolue et sans qu'il y eût à considérer la qualité de
l'institué. Il en était autrement pour les frères et
sœurs : ce n'était qu'en présence d'une personne vile,
turpibus personis scriptis heredibus (1), qu'ils pouvaient
se plaindre du testament. Cette distinction n'est pas
établie expressément par les lois du Digeste; mais deux
textes (2) indiquent qu'elle existait déjà dans l'ancien
droit. Dans le principe, les frères agnats jouirent seuls
de ce privilége, qui dans le dernier état de la législation de Justinien, et par suite d'extensions successives,
appartenait même aux frères et sœurs utérins (3).

Mais il ne fut pas étendu à d'autres collatéraux.

L'application du principe que l'action pour cause
d'inofficiosité n'est accordée qu'à ceux qui auraient droit
à la succession *ab intestat* peut donner lieu à des difficultés au cas de concours d'ascendants et de frères et
sœurs. Dans l'ancien droit, le père émancipateur était
préféré aux frères et sœurs de l'émancipé ; plus tard,
ceux-ci furent appelés avant lui. De même les frères
consanguins venaient à l'hérédité avant la mère. De

(1) Inst., 2, 18, 1.
(2) L. 24, l. 31, § 1, *de inof. test.*
(3) Nov. 118.

cette préférence dans l'attribution de l'hérédité *ab intestat*, il semble qu'on soit autorisé à conclure à la préférence dans l'exercice de la *querela*. Enfin, lorsque les ascendants et les frères et sœurs étaient appelés en concours à l'hérédité *ab intestat*, ils devaient pouvoir attaquer le testament, mais suivant la distinction établie plus haut relativement à l'institué.

Les héritiers des personnes qui ont droit à la *querela* peuvent continuer l'instance commencée ou préparée par leurs auteurs.

Si celui qui pouvait se plaindre du testament ne veut ou ne peut exercer la *querela*, le droit de l'intenter passera-t-il au degré ou à l'ordre suivant? Cette dévolution semble bien résulter de deux textes du Digeste, les lois 14 et 31, au titre *de inoffic. testam.;* elle est admise par Donneau et Pothier (1). Mais d'autres textes paraissent contredire ces deux lois ; ils ont fait naître des doutes sur le principe qu'elles établissent. Un seul (2) paraît bien être en opposition sérieuse avec les lois précitées. Ses termes résistent énergiquement à l'explication donnée par Pothier. Peut-on admettre que Justinien ne parle que de l'action qui appartient au petit-fils, comme héritier de son père exhérédé ? S'il avait encore le droit d'agir en son nom personnel, l'empereur dirait-il qu'il est privé de tout secours, « *omne adjutorium nepotem dereliquit ?* » Cette constitution serait d'ailleurs bien inutile, puisque le petit-fils viendrait à la place de son père et avant tous

(1) Donneau, l. xix, ch. 7, nᵒˢ 5 et suiv.; Pothier, Pand., *de inof. test.*, art. 1, nᵒ x.

(2) L. 34, C. *de inof. test.*

autres exercer son droit personnel. C'est précisément
parce qu'il n'a aucun droit que l'innovation de Justinien est nécessaire. La *querela* n'appartient qu'à ceux
qui sont héritiers *ab intestat ;* cette qualité, le petit-fils
ne l'a pas. Son père seul pouvait attaquer le testament ;
lui, son héritier, ne pourrait succéder à ce droit qu'autant que l'instance aurait été préparée ; ce qui n'a pas eu
lieu. Il ne peut intenter la *querela* en son nom : la place
d'héritier *ab intestat* n'est pas vacante ; toute dévolution
est impossible. Dans les lois 14 et 31, il y a dévolution
parce que l'héritier *ab intestat* a cessé de l'être par sa
répudiation, ou la sentence confirmant une exhérédation, ou une omission fondée sur de justes motifs. Celui
qui est dans le degré ou l'ordre suivant se trouve alors
l'héritier *ab intestat* du défunt ; il peut intenter la *querela*.
Les lois 14 et 31 au Digeste et 34 au Code ne se con-
tredisent donc pas ; elles prévoient des hypothèses
différentes : dans celles-là, l'héritier *ab intestat* qui avait
droit à la *querela* en a été écarté, ou il y a renoncé (1) ;
dans celle-ci, il est mort avant d'avoir manifesté une
intention. La *querela* est fondée sur une espèce d'injure
faite par le testateur ; il n'a pu la faire qu'à celui qui se
serait trouvé son héritier *ab intestat ;* d'où il suit que,
dans l'hypothèse des lois 14 et 31, la *querela* passera au
degré ou à l'ordre suivant, tandis que dans celle de la loi
34, elle n'appartient au fils qu'au nom de son père et
comme héritier de celui-ci.

   Du principe que la *querela* n'appartient qu'aux héri-

---

(1) *Contrà filios judicetur* (l. 14, ff.) *non possit... nolit accusare* (l. 31,
princ., ff.).

tiers *ab intestat*, il résulte que ceux qui prétendent
l'exercer doivent justifier de leur qualité d'héritiers lorsque le droit civil la leur accorde, ou demander au préteur la possession de biens *ab intestat*. Elle peut être
intentée contre tous héritiers testamentaires, peu importe leur qualité, enfants, étrangers, communauté. Le
fisc, auquel est échu la part de l'institué en vertu des
lois caducaires, le prince lui-même, y sont également
soumis ; *eum enim qui leges facit, pari majestate legibus
obtemperare convenit* (1).

Et ce n'est pas seulement contre les institués
qu'elle peut être dirigée, mais aussi contre tous ceux
qui détiennent l'hérédité à un titre quelconque, ceux
auxquels elle a été restituée à titre de fidéicommis,
l'enfant prétérit par le testateur et qui a demandé la possession de biens *contra tabulas*. Elle n'est point donnée
contre les légataires qui ne détiennent que des *res sin-
gulares* de l'hérédité ; ils peuvent intervenir pour empêcher une collusion entre l'héritier et l'institué.

Conformément aux principes généraux, le détenteur
de l'hérédité en conserve la possession pendant l'instance ; il serait seulement tenu de fournir pendant les
délais d'appel des aliments au fils indigent qui aurait
obtenu gain de cause devant les premiers juges. Si c'é-
tait le fils exhérédé qui fût en possession de l'hérédité,
il la conserverait, et, à la demande formée contre lui
par l'institué, il répondrait en attaquant le testament
comme inofficieux.

Il ne suffit pas à celui qui veut élever la plainte d'in-

(1) Paul, Sent. 4, 5, 3.

officiosité d'avoir droit à l'hérédité ou à la possession de biens *ab intestat*. La *querela* n'est qu'une ressource extraordinaire. Ce n'est donc qu'à défaut de toute autre voie pour arriver à l'hérédité qu'on peut recourir à la *querela*. Elle ne fut établie qu'après l'institution de l'exhérédation. Le fils en puissance qui n'avait pas été formellement exhérédé dans le testament paternel, pouvait, d'après le droit civil, demander la nullité du testament ; et le préteur avait étendu le bénéfice de cette disposition au fils émancipé, qui obtenait la possession de biens. La *querela* ne leur était donc ouverte que dans le cas d'exhérédation régulière.

Pour les testaments des femmes, il suffit que l'enfant y ait été omis pour intenter la *querela*, l'omission ne fût-elle que le résultat de l'erreur de la mère qui croyait avoir perdu son fils. Ici n'a pas lieu la possession *contra tabulas*. Mais si l'omission ou l'exhérédation était faite non plus *notæ causa*, mais dans l'intérêt des enfants, la *querela* ne leur serait pas acocrdée.

Quant aux ascendants, il n'y a point à distinguer s'ils ont été exhérédés ou prétérits seulement ; le testament est valable dans les deux cas, et il ne peut être rescindé que par le moyen de la *querela*. L'action d'inofficiosité ne serait pas accordée à l'impubère adrogé par un ascendant qui l'a ensuite émancipé ou exhérédé sans motifs légitimes, parce que cet impubère a la quarte Antonine.

Le père émancipateur devrait demander la possession de biens comme patron avant d'intenter la *querela ;* mais on considère que sa qualité de *manumissor* ne doit pas nuire à celle de père : la possession de biens ne lui donnerait qu'une partie de la succession; par la plainte d'inofficiosité, il l'obtient tout entière.

Mais si les enfants avaient été institués pour une portion quelconque, il n'y avait plus omission ni exhérédation. Le testament devait-il recevoir effet? Et, d'un autre côté, si le père sans instituer ses enfants leur avait laissé à un autre titre une partie de ses biens, le testament pourrait-il être attaqué comme inofficieux? Dans le principe il n'y eut pas de règles; les centumvirs décidaient d'après les circonstances de chaque affaire.

Vers la fin de la république fut portée la loi Falcidie, qui accordait aux héritiers institués le droit de retenir un quart de l'hérédité. Soit que cette loi renfermât une disposition semblable à l'égard des héritiers *ab intestat*, auxquels appartenait la plainte d'inofficiosité, soit qu'elle eût été étendue à ceux-ci par la jurisprudence, le fait est qu'on leur attribua le même droit qu'aux héritiers testamentaires. Pline le Jeune, dans ses Lettres, parle de ce droit au quart de l'hérédité (1). Les constitutions l'appellent *quarta*, ou simplement *Falcidia*, ou bien encore *portio legibus debita, pars* ou *portio legitima* (2); d'où le nom de *légitime*. C'est une sorte de créance assurée aux enfants et ascendants, *debitum bonorum subsidium* (3).

Mais il n'est pas nécessaire qu'ils recueillent cette portion à titre d'héritiers institués; l'exhérédation n'em-

---

(1) *Sufficere debet si exheredatus à matre quartam partem ex hereditate ejus accipias* (lettre 5e).

(2) L. 28, 29, 30, 31, C. *de inof. test.*; nov. 92.

(3) L. 5, C. *de inof. donat.*

pêche pas qu'ils ne l'obtiennent au moyen de legs, fidéicommis, donations à cause de mort; sur ce dernier
point il paraît y avoir eu quelque difficulté. Ce qui importe, c'est que le père leur laisse le quart de ce qu'ils
auraient eu, s'il était mort intestat, de leur part héréditaire. Ce quart est donc attribué à chaque enfant individuellement. C'est ce qui résulte de tous les textes des
Institutes (1) et du Digeste (2). Les constitutions des empereurs s'expriment de la même manière (3). Paul,
dans ses Sentences, présente la même idée sous une
autre forme (4); et les interprètes, à commencer par
celui-là même qui fut contemporain de Justinien (5),
ont toujours entendu ces textes dans le même sens (6).

Il faut donc, pour connaître le *quantum* de la quarte,
déterminer la portion qui reviendrait à l'enfant si son
père était décédé intestat. Elle varie suivant le nombre
des enfants : les uns peuvent être exhérédés, les autres
renoncer à la *querela* ; ceux-ci garder le silence, ceux-
là succomber dans leur action. Pour savoir dans quels
cas un enfant fait part, il faut voir s'il y a accroissement. Supposons qu'il y ait deux frères : il faut d'abord
distinguer s'ils n'ont leur quarte ni l'un ni l'autre,
c'est-à-dire un huitième de la succession pour chacun,
ou si l'un d'eux seulement l'a reçue, tandis que l'autre
en a été privé. Dans la première hypothèse, si l'un

(1) L. 2, t. xviii, § 6.
(2) L. 8, §§ 6 et 8, de *inof. test.*
(3) L. 8, pr., l. 31, C. *eod. tit.*
(4) L. iv, t. v, 6.
(5) Théophile sur § vi, Inst.
(6) Donneau, l. 19, ch. 4, n° 30: Pothier, *Donat. entre vifs*, sect. 3, art. 3.

d'eux garde le silence, il fait part à l'autre, qui n'obtiendra que la moitié de l'hérédité. Mais si c'est *animo repudiantis*, avec l'intention de renoncer, qu'il ne se plaint pas, ou s'il abandonne les poursuites, ou encore qu'il succombe ou soit déchu, *exclusus tempore*, sa part accroît à celle de son frère, qui pourra demander toute l'hérédité. Dans la seconde hypothèse, les solutions sont les mêmes, si le frère qui n'attaque pas et qui a été privé de sa quarte a été injustement exhérédé. Mais il en est autrement, si le fils a été exhérédé justement. Le fait du père qui prive son fils de sa quarte ne doit pas profiter au frère de celui-ci. Le père, en exhérédant son fils, a voulu que sa part accrût à celle de l'institué. Sa volonté est juste, elle doit recevoir effet; peu importe que le fils garde le silence, qu'il répudie, qu'il soit repoussé ou déchu, il ne peut venir par aucune voie à l'hérédité; il ne peut y avoir accroissement de sa part à celle de son frère. Il fait donc nombre, et son frère qui a sa quarte complète sera repoussé dans sa demande; et, s'il ne l'a pas complète, il n'obtiendra que la moitié de l'hérédité.

Après avoir fixé la portion virile, il faut en rechercher la valeur. A cet effet, on considère le patrimoine tel qu'il est au moment du décès. On en déduit les frais funéraires, les dettes, les affranchissements. C'était le mode suivi pour le calcul de la falcidie. La déduction des frais funéraires et des dettes était toute simple. Mais il ne faut pas confondre cette déduction des dettes avec une dispense de contribuer aux dettes. Cette déduction n'a lieu que pour arriver à la détermination de la valeur du patrimoine; le fils qui obtient sa quarte

calculée d'après ces bases n'en reste pas moins obligé
aux dettes pour la part qu'il prend dans les biens de
son père. De même pour la falcidie on déduit les dettes;
mais l'institué n'en est pas moins tenu de répondre aux
créanciers héréditaires. C'est en ce sens qu'il faut entendre la loi 8, §9, au Digeste, *de inof. testam.* Que doit en effet
obtenir l'enfant à titre de légitime? Le quart de ce qu'il
aurait eu si son père était décédé *intestat*; dans ce cas,
il eût contribué aux dettes pour sa part. Il pourrait arriver cependant que le fils ne fût pas soumis à l'action
des créanciers, si, par exemple, il avait été institué pour
une chose déterminée avec un cohéritier pur et simple,
ou pour partie aliquote; ou qu'il eût reçu sa légitime à
un titre singulier, comme donataire à cause de mort
ou légataire.

Quant à la déduction de la valeur des affranchissements, elle présentait un grave inconvénient dans le calcul de la quarte. Le père dont la fortune consistait en es-
claves pouvait, en les affranchissant, l'enlever tout
entière à ses enfants. Il paraît y avoir eu quelque hésita-
tion sur ce point. L'analogie entre les deux institutions
de la quarte et de la falcidie avait fait admettre cette déduction. Le fils héritier sien devait donc respecter tous
les affranchissements faits par son père; mais celui
qui avait été institué pouvait, en répudiant, faire tomber le testament de son père, ce qui entraînait la nullité de tous les affranchissements.

Le reste des biens dont le défunt n'avait pas disposé,
les choses qu'il avait léguées ou données à cause de
mort ou à titre de fidéicommis, formaient la masse dont
l'héritier devait avoir le quart. Quant aux donations

entre-vifs , elles n'entraient point en compte ; les biens
qui en avaient été l'objet n'étaient plus dans le patrimoine du testateur au moment de son décès ; mais elles
y étaient comprises si elles avaient été attaquées elles-
mêmes pour cause d'inofficiosité, comme faites en haine
de la légitime , dans le but d'éviter la *querela*.

L'héritier a droit au quart du patrimoine ainsi déterminé ; il faut donc réunir d'abord tout ce que cet héritier a reçu du défunt à titre d'institué, de fidéicommis-
saire, de légataire , donataire à cause de mort. Quant
à la donation entre-vifs , elle n'est réunie que si elle a
été faite avec l'intention (1) ou la condition expresse
qu'elle serait imputée sur la quarte (2). Plus tard, l'im-
putation eut lieu de plein droit pour les dots, donations
nuptiales et les sommes fournies pour l'acquisition d'un
office , d'un grade militaire (3).

Cette quarte doit être laissée aux enfants et ascendants libre de toutes charges et conditions. Le testateur ne peut la grever d'aucun fidéicommis , délai ,
substitution , usufruit. Toute charge qui ne serait pas
compensée par des fruits d'autres biens excédant la
quarte, ou par l'obligation de restituer une certaine
portion de biens imposée à un cohéritier, ou qui ne serait pas écrite dans l'intérêt même des enfants , donnerait ouverture à la *querela*. Justinien changea cette
règle , et voulut que tous délais, charges ou conditions
fussent réputés non écrits , au moins jusqu'à concurrence de la quarte.

(1) L. 25, pr., ff. *de inof. test.*
(2) L. 35, § 2, C. *de inof. test.*
(3) L. 29, l. 30, § 2, C. *eod. tit.*

Les enfants pouvaient aussi intenter la *querela*, si le testateur ne leur avait pas laissé leur quarte complète, à moins que l'institué ne fût un de leurs frères ; dans ce cas, il n'y avait lieu qu'à une demande en complément. Constantin voulut que les enfants ne pussent attaquer le testament comme inofficieux, si le testateur avait expressément ordonné de compléter la quarte en cas d'insuffisance (1). Justinien confirma et étendit cette innovation : le plus petit legs suffit pour écarter la *querela ;* le légitimaire doit demander le supplément de sa quarte (2). Mais, s'il vient à être évincé plus tard, l'institué est obligé de le lui fournir *ex substantia patris,* en biens héréditaires seulement.

Ces dispositions furent bientôt remplacées elles-mêmes par de nouvelles règles. D'abord Justinien augmenta le taux de la légitime : il l'éleva au tiers en présence de quatre enfants ou moins ; à la moitié, s'ils étaient plus de quatre (3) ; de manière que chacun d'eux avait une part égale du tiers ou de la moitié qui leur était dû. Mais le caractère de la légitime ne fut pas changé ; elle fut toujours une portion de la part qu'aurait eue l'enfant dans la succession *ab intestat.* C'est ce qui résulte tant des expressions de la novelle 18 (4) que de celles de la novelle 92 (5) et de l'authentique qui en ont été tirées (6). La légitime nouvelle

---

(1) C. Th., 1. 4, *de inof. test.*

(2) L. 30, C. J. *de inof. test.*

(3) Nov. 18, ch. 1ᵉʳ.

(4) Ch 1ᵉʳ : *Singulis ex æquo quadriuncium vel sexuncium dividendus.*

(5) *Tantum unicuique filiorum servans ex lege partem.*

(6) *Auth. ad leg.* 6, *C. de inof. tesi : Quisque tantum feret ex hereditate quantum poterat ante donationem deberi.*

est donc, comme la quarte, une portion de biens attri
buée individuellement à chaque enfant, et non une
masse collective donnée *in globo* à tous les enfants.

La légitime des ascendants se trouva aussi augmentée : les ascendants ne sont jamais plus de
quatre; la légitime pour eux n'est donc jamais que du
tiers.

Par une autre novelle (1), Justinien fit en faveur
des légitimaires un nouveau changement à l'ancien
droit; ils durent être institués, ne fût-ce que pour un
objet particulier.

Les enfants et les ascendants qui intentent la *querela*
prétendent que le testateur n'a pas rempli envers eux
les devoirs que l'affection et la piété naturelles lui im-
posaient. Il faut donc qu'eux-mêmes n'aient pas mérité
l'exclusion expresse ou tacite dont ils ont été l'objet.
Dans ce cas, l'omission ou l'exhérédation régulière
doit produire son effet; c'est aux enfants qui se prétendent injustement omis ou exhérédés à le prouver; ils
doivent justifier qu'ils ont rempli envers leurs ascendants les devoirs que la piété filiale leur commande, à
moins que les institués ne s'offrent d'eux-mêmes à
faire la preuve contraire. Quant aux ascendants, la
preuve est à la charge des institués. Si les juges esti-
ment que le testateur a sans motif légitime omis ou
exhérédé son fils ou son ascendant, ils prononcent la
nullité du testament. La valeur des motifs d'exhérédation est laissée à leur appréciation. Les textes du Code
en indiquent plusieurs; mais ils ne sont pas fixés lé-

(1) Nov. 118.

gislativement ; le juge peut en admettre d'autres. Tel était encore le droit à l'époque des Instituts ; mais, par une novelle postérieure (1), Justinien détermina les causes d'exhédération. Le demandeur doit du reste l'avoir méritée personnellement (2).

Par la même constitution, Justinien ordonna que le père indiquât lui-même les causes pour lesquelles il exhérédait ses enfants, et ce fut à l'héritier institué à les prouver. En l'absence de ces conditions, si le testateur n'a pas indiqué de cause, ou que celle qu'il a indiquée ne soit pas prévue par la novelle, le testament peut être rescindé, mais seulement quant à l'institution d'héritier ; les autres dispositions produisent leur effet.

Ce n'est pas une nullité que Justinien établit ici ; c'est une action en rescision qu'il accorde aux légitimaires. L'empereur ne s'occupe pas des formes du testament et de l'exhérédation, mais de la valeur de cette exhérédation. Si le testament était nul de plein droit, il en résulterait que la *querela* ne serait plus en usage entre enfants et ascendants que si le testateur avait indiqué la cause de l'exhérédation ; dans tous les autres cas d'omission des ascendants, des postumes, des enfants par leur mère, il y aurait nullité du testament, ce qui détruirait l'usage de la *querela* que Justinien veut faciliter. Les expressions même dont se sert Justinien indiquent bien qu'il ne s'agit que d'une action

(1) Nov. 115, ch. 3 et 4.

(2) Justinien repousse l'avis de Paul, qui pensait qu'une mère pouvait exhéréder son fils encore enfant, en haine du père sous la puissance duquel il était. (L. 33, C. *de inof. test.*)

en rescision; il dit que le testament est *ruptum, irritum, solutum.* Si le testament était nul de plein droit, les héritiers externes qui viendraient à l'hérédité par suite de la renonciation des enfants pourraient profiter de cette nullité. Ce n'est point là le but des innovations de Justinien.

Les anciennes règles sur l'omission et les formes de l'exhérédation continuent donc de subsister; il en est de même des effets de la prétérition du père, qui entraîne la nullité du testament et de toutes les dispositions qu'il contient. Le seul but de Justinien est de mettre les légitimaires à l'abri de l'injure de la prétérition ou de l'exhérédation; il veut qu'ils soient institués; il ne suffit plus de leur laisser leur légitime à quelque titre que ce soit. Mais rien n'indique qu'il ait apporté un changement aux anciens effets de la prétérition; il ne l'aurait pas fait sans exposer longuement, selon son habitude, les motifs de son innovation. La novelle ne se rapporte donc pas aux enfants en puissance, ni aux émancipés omis par leur père; ces derniers ont la possession de biens.

La rescision du testament inofficieux enlève aux institués le titre qu'ils ont sur l'hérédité; la confusion qui s'était opérée entre eux et le testateur est révoquée. Avant la novelle 115 et d'après le droit des Institutes, la rescision du testament faisait tomber toutes les autres dispositions qu'il renfermait : les affranchissements étaient non avenus, les legs n'étaient pas exécutés. Ceux qui avaient été payés étaient répétés par l'institué ou le légitimaire. Cette caducité des dispositions testamentaires souffrait cependant quelques exceptions : dans le cas où le fils avait été prétérit par erreur, ou bien si la sentence avait été rendue par défaut contre l'institué. Il n'y avait pas alors chose jugée à l'égard des légataires et des affranchis. De même encore, si le testament n'avait été attaqué qu'après cinq ans, les libertés n'étaient pas révoquées; et dans le cas même où la *querela* était exercée dans ce délai, les libertés fidéicommissaires étaient maintenues, à la charge par les affranchis de payer dans les deux cas vingt *aureos*. L'esclave affranchi par l'institué en vertu d'une clause du testament restait également en liberté, à la condition de payer à l'institué, son ancien maître, le montant de ce qu'il valait.

Le bénéfice de la rescision appartient non-seulement à celui qui attaque le testament, mais aussi à ceux du même degré qui n'ont pas renoncé à la *querela*. Il est vrai que, d'après la loi 8, § 8, au Digeste, celui qui ne se plaint pas fait part à l'autre; mais les deux cas sont différents. La loi 8 a rapport au calcul de la quarte; il est juste que celui qui l'a complète soit exclu de la *querela*. Ici l'enfant qui a obtenu la rescision n'avait pas sa quarte; il s'agit de savoir s'il obtiendra toute l'hérédité ou une partie seulement. On pourrait dire que par l'effet de la sentence l'hérédité *ab intestat* est ouverte; que son frère devrait y être appelé avec lui. Paul répond à cette objection. Le fils invoque la chose jugée : *Quasi centumviri hunc solum filium in rebus humanis esse nunc, cùm facerent intestatum, crediderint* (1).

_____

(1) L. 17, *princip.*, ff. *de inof. test.*

Mais les effets de la sentence seraient différents si l'action avait été dirigée par le légitimaire pour sa part seulement, ou contre quelques-uns des institués, ou bien même contre tous, mais que quelques-uns aient triomphé. Dans ces différents cas, celui dont le testament a été attaqué meurt partie testat, partie intestat. Le succès de ceux qui ont intenté la *querela* ne profite point à ceux qui ont gardé le silence, parce que le testament qui les exclut subsiste en partie. Quant aux legs et aux affranchissements, il faut distinguer (avant la novelle 115, bien entendu) : les premiers ne sont dus que pour partie ; les seconds ont tout leur effet. La transaction entre l'héritier et l'institué ne nuit ni aux libertés ni aux legs.

L'héritier qui succombe dans la plainte d'inofficiosité perd tous les avantages que lui conférait le testament ; ils sont dévolus au fisc. Mais cette peine n'est pas encourue par celui qui se désiste ou qui décède avant la sentence. Du reste, cette dévolution au fisc n'aurait pas lieu si l'héritier *ab intestat* institué par le défunt avait un substitué ; elle s'opérerait alors au profit de celui-ci.

Enfin celui qui attaque le testament ne serait pas privé des choses qui lui ont été léguées, s'il agissait au nom d'un autre, comme père naturel ou *adrogator*, ou qu'il ne fît que continuer une instance commencée par son auteur.

L'action pour cause d'inofficiosité est fondée sur une espèce d'injure que les personnes déshéritées ou omises prétendent avoir reçue du défunt. De là plu-

sieurs conséquences : d'abord elle ne peut être exercée par le père malgré son fils en puissance, à moins
que celui-ci n'ait accepté par son ordre.

Il en résulte encore qu'on ne peut attaquer que les
testaments de ceux qui les ont faits eux-mêmes ; la
mère ne pourrait donc se plaindre du testament de son
fils impubère, parce que c'est son père qui l'a fait. Ses
frères ne pourraient non plus l'attaquer comme inofficieux qu'en faisant rescinder celui de leur père.

Une autre conséquence, c'est que la *querela* s'éteint,
lorsque les personnes omises ou déshéritées y ont
renoncé expressément ou tacitement par l'exécution
des dispositions du testament, ou par le silence qu'elles
ont gardé pendant un temps déterminé.

Le premier cas de renonciation est celui de l'approbation expresse du testament par l'héritier légitime.
Mais cette approbation n'est valable qu'autant qu'elle
est donnée après la mort du testateur (1).

Les cas où il peut y avoir renonciation tacite présentent des questions d'intention qui souvent sont diffi-
ciles à résoudre. Le principe est écrit dans un passage
de Paul (2) et dans une constitution de l'empereur
Alexandre (3). Les lois du Digeste présentent de nombreux exemples d'approbation tacite : l'acceptation
d'un legs par soi-même, par son fils ou son esclave,
à moins qu'elle ne soit une obligation pour l'héritier
légitime, comme s'il est tuteur, curateur. L'acceptation

(1) L. 35, § 1, C. *de inof. test.*: *Meritis magis filios a l paterna obsequia
provocandos quam pactibus adstringendos.*

(2) L. 32, Pr., ff. *de inof. test.*

(2) L. 8, § 1, C. *eod. tit.*

faite par le père de famille ne l'empêcherait pas de se
plaindre ensuite au nom de son fils en puissance. Du
reste, depuis une constitution de Justinien (1), la reconnaissance faite par le légitimaire du don ou legs
qu'il a reçu, ne serait pas un obstacle à une demande
en complément de sa quarte. Il ne serait exclu de la
querela qu'autant qu'il aurait formellement déclaré
qu'il se contentait de ce qui lui avait été donné. L'assistance prêtée à l'institué, à titre d'avocat ou de pro-
cureur, serait encore un cas de renonciation tacite; de
même l'acquisition de l'hérédité, le payement aux institués des sommes dues au défunt; en un mot, tout
acte qui est une approbation du testament par l'exhérédé. Mais profiter sans son fait des dispositions de ce
testament, succéder à l'institué, venger la mort de son
père, ce sont là des faits qui ne s'opposent point à ce
que le légitimaire intente la plainte d'inofficiosité.

L'inaction de l'héritier, lorsqu'elle a duré un certain
temps, est encore une présomption de sa renonciation à
la *querela*. Ce délai, qui dans le principe dut être déterminé d'après les circonstances de chaque affaire, fut
ensuite fixé à deux ans, et plus tard à cinq. Modestin
le faisait commencer à la mort; Ulpien, à l'adition d'hérédité. Justinien confirme la doctrine d'Ulpien (2); et,
afin que l'institué ne puisse pas, en retardant l'adition,
porter atteinte aux droits du légitimaire, *ne interim
filius defraudetur debito naturali*, l'empereur veut qu'elle
ait lieu dans les six mois de la mort du testateur, si

(1) L. 38, § 2, C. *eod. tit.*
(2) L. 36, § 2, C. *h. t.*

l'institué habite la même province, et dans l'année, s'il
habite en dehors ; ou que, dans le même délai , il dé-
clare qu'il ne veut pas se porter héritier. La prescription
de cinq ans ne court pas pendant une instance en nullité
du testament attaqué comme faux ou irrégulier.

La *querela* s'éteint encore par la mort de l'exhérédé,
lorsqu'il n'a pas formé ou manifesté l'intention de former la plainte d'inofficiosité ; mais, s'il l'a préparée,
c'est-à-dire s'il a été jusqu'à l'assignation , ou même
s'il en a menacé , elle passe à son héritier. Justinien
supprima cette distinction à l'égard des enfants ; il
décida que, si le légitimaire mourait dans le délai, l'action passerait toujours à ses descendants. A l'égard
des autres héritiers, il maintint la législation existante.

Une autre fin de non-recevoir à l'action des héritiers,
c'est la transaction faite avec les institués ; il en est de
même de l'abandon des poursuites. Mais si, dans le premier cas, les institués n'exécutent pas, ou que, dans le
second, le désistement de l'héritier soit le résultat de
leurs manœuvres frauduleuses, le droit des légitimaires reste intact ; ils peuvent reprendre l'instance,
repetere inchoatam actionem (1).

(1) L. 21, *princ.*, ff. *de inof. test.*

IDÉE GÉNÉRALE DE L'ANCIEN DROIT.

***

DES RÉSERVES COUTUMIÈRES. — DE LA LÉGITIME DE DROIT.

La conquête apporta d'abord dans la partie de la Gaule voisine des Alpes, puis dans les autres parties avec César, les premiers principes du droit romain, qui se développèrent progressivement au moyen des édits des gouverneurs. Plus tard l'usage en fut généralisé par la constitution de Caracalla, qui accorda à tous les habitants de l'empire le titre de citoyen romain. Après les édits des préteurs, les sources du droit romain en Gaule furent les écrits des jurisconsultes, surtout les Sentences de Paul et les Institutes de Gaïus, puis les constitutions impériales insérées dans les recueils de Grégorius et d'Hermogène, et le Code Théodosien. Ce fut dans la partie de la Gaule située au midi de la Loire que l'étude et l'usage du droit romain s'étendirent davantage, grâce surtout au recueil de lois romaines fait, après l'invasion des Visigoths, par Alaric, un de leurs rois, recueil dont l'application paraît avoir été générale.

Mais le droit national n'avait pas été abrogé par le droit romain. Les textes du Digeste montrent qu'une certaine part était laissée à la coutume locale. Quelles étaient les anciennes coutumes de la Gaule sur la matière des successions ? — Y avait-il une institution qui répondît à la plainte d'inofficiosité du droit romain ? — Une portion de biens était-elle affectée à certains parents dans les successions ? Sur ce point les renseignements nous manquent. On avait cru posséder un recueil des anciennes coutumes des Bretons réfugiés dans le pays de Galles, composé au xie siècle par un de leurs chefs du nom d'Howel, recueil précieux parce que, à raison de plusieurs circonstances, on est autorisé à penser que ces Bretons avaient dû conserver beaucoup des anciennes coutumes gauloises D'après ce recueil, le principe fondamental de la législation aurait été l'affectation du patrimoine à la famille. Le fils peut rendre inutile le legs fait par son père, à moins qu'il n'ait été fait à l'Eglise ou à des créanciers pour la valeur de leurs créances. L'authenticité de ce recueil a été contestée : on ne posséderait pas le Code d'Howel, mais des ouvrages dus à des praticiens gallois du xiiie siècle.

Lorsque l'empire affaibli eut laissé envahir la Gaule par les Barbares, de nouveaux principes de droit y pénétrèrent. Les lois barbares offrent une grande variété de dispositions relativement à la légitime. C'est dans Tacite et dans la loi Salique, la plus ancienne des lois barbares, que nous devons trouver les éléments les plus purs du droit germanique. D'après ces deux monuments, les Germains avaient pour héritiers leurs enfants. Les testaments n'étaient pas en usage. On pouvait, en suivant certaines formalités indiquées par la loi, faire une donation partielle ou universelle de ses biens ; aucun texte ne restreint la faculté de donner, à

l'égard de celui qui laisse des enfants. Ce pouvoir illimité de disposition entre-vifs, conforme à la nature indépendante, au caractère libre et fier du Germain, paraît bien consacré par une charte du viiie siècle : *dum
leges et jura sinant et conventio Francorum est ut de faculta-
tibus suis quisque quod facere voluerit, liberam habeat potes-
tatem.* La loi des Burgondes permet de disposer au préjudice de ses enfants, excepté pour la terre conquise.

La loi des Ripuaires et un capitulaire de Charlemagne,
qui confirme la disposition de cette loi, ne permettent
la libre disposition de ses biens qu'à celui qui n'a ni fils
ni fille. Il en est de même dans la loi des Visigoths. Ces
lois nous donnent-elles des principes du droit germanique différents de ceux de la loi Salique, ou bien doit-
on y reconnaître l'influence de la législation romaine ?
A l'égard de la loi des Visigoths, cette seconde opinion
semble préférable (1).

Quoi qu'il en soit, et en admettant avec M. de Laferrière que l'affectation du patrimoine à la famille fût
un principe des coutumes gauloises et du droit germanique, on doit reconnaître que ce principe fut déve-
loppé et étendu après la conquête. Il était nécessaire
d'assurer la transmission des terres dans les familles
des vainqueurs ; de là la doctrine des *propres* et des
réserves. Mais cette institution n'a pas pour seul fonde-
ment une raison politique ; elle repose aussi sur ce sentiment naturel qu'on est plus strictement obligé à conserver à sa famille les biens qu'on a reçus de ses

(1) Laferrière, t. 2, p. 78, 357; t. 3, p. 72, 301 et suiv. — Klimrath
liv. 1er, §§ iv et xx. — Minier, p. 51 et suiv. — Guizot, *de la Civil. en
France,* t. 1er, p. 258 et suiv. — Savigny, 1, 85, 355 et suiv.

ancêtres que ceux acquis par un travail personnel. Mais une partie des propres dut être soustraite à cette obligation : il ne faut pas que celui qui n'a que des propres soit privé d'une manière absolue de la faculté de disposer.

D'un autre côté, on trouva bon, dans certains pays, qu'à défaut de propres, une partie des meubles et des fonds acquis avec les fruits du travail personnel fût réservée à la famille. L'homme étant d'ailleurs peu disposé à se dépouiller de son vivant et irrévocablement de son patrimoine, il n'y a pas grande nécessité de lui défendre ce genre de disposition. Les réserves ne frapperont donc que les libéralités testamentaires. Mais cette distinction n'est pas admise partout; dans quelques pays, l'intérêt personnel du donateur ne paraît pas une garantie suffisante pour la famille.

De là cette variété dans les coutumes. Les unes ne frappent de leurs prohibitions que les propres (1); les autres, les acquêts et les propres (2); d'autres y ajoutent les meubles (3); d'autres enfin, les acquêts et les meubles, à défaut de propres (4); celles-ci n'apportent de restrictions qu'aux libéralités testamentaires (5); celles-là les étendent aux donations entre-vifs (6).

Cette variété de dispositions sur l'étendue de la

---

(1) Paris, 292; Orléans; Blois, 173.
(2) Pays de Flandre, Lille.
(3) Berry.
(4) Maine, Anjou, Touraine.
(5) Paris, Amiens.
(6) Reims, Vermandois.

prohibition est relative à la nature des libéralités et à l'origine des biens. Mais, dans toutes les coutumes, les réserves sont de la même nature ; elles sont établies en faveur des mêmes héritiers. Voici comment Lebrun (des Successions, l. II, ch. IV) explique la nature des réserves : « Les parts et portions que les coutumes » assurent aux héritiers dans les propres et autres » biens..... sont un droit qui compose ou qui aug- » mente la succession *ab intestat ;* car, si quelqu'un a » disposé de ses propres au delà de ce qui est permis » par la coutume, cela se trouve de plein droit dans la » succession *ab intestat,* à cause de la nullité d'une par- » tie de la disposition qui ne subsiste qu'à condition » qu'elle n'est pas contre la disposition de la loi mu- » nicipale. »

Par l'institution des réserves (*bona retroservata,* biens conservés rétroactivement à la disposition qui en au- rait été faite), le patrimoine est donc divisé en deux parties : l'une qui est disponible entre les mains du propriétaire, l'autre qui forme la succession *ab intestat,* et passe à ses héritiers. De là il résulte que les héri- tiers seuls y ont droit ; qu'ils en sont saisis, au moment du décès, en vertu du principe du droit coutumier sur les successions ; qu'elle leur appartient collective- ment ; que ceux qui renoncent à la succession n'y peuvent rien prétendre, et que leur part accroît à celle des héritiers acceptants.

Un autre caractère commun à toutes les coutumes, c'est qu'elles établissent les réserves en faveur des descendants et des collatéraux, mais non des as- cendants. Leur but étant de conserver les biens dans la famille, le premier soin des coutumes dut être la postérité. Le bon sens indique que le législateur a dû penser d'abord aux enfants. Le texte de certaines coutumes le prouve (1); elles établissent une distinction entre les descendants et les collatéraux. A défaut de descendants, les collatéraux prenaient la succession réservée. Quant aux ascendants, on trouva inutile de faire remonter jusqu'à eux des biens qui devaient revenir ensuite aux collatéraux; il parut plus simple de les attribuer immédiatement à ceux-ci.

Les réserves coutumières étaient souvent insuffisantes pour assurer des ressources aux enfants, parce qu'elles ne portaient que sur les propres, et même, dans certaines coutumes, sur ceux seulement dont le défunt n'avait pas disposé par actes entre-vifs. D'un autre côté, tout en laissant ses biens dans sa famille, le père pouvait les distribuer inégalement entre ses enfants, faire à l'un un avantage considérable au préjudice de ses frères. Sans doute cet inconvénient ne se fit pas sentir dans les commencements, alors que régnaient le principe d'égalité parfaite et l'obligation du rapport. Mais des coutumes s'éloignèrent de cette doctrine, et donnèrent au père le droit d'avantager l'un de ses enfants. L'abus suivit bientôt; il nous est signalé par Beaumanoir (2).

A ce double inconvénient il fallut apporter un remède : d'abord le juge restreignit dans des limites proportionnées à la fortune des père et mère les avantages faits à l'un ou plusieurs de leurs enfants; puis

(1) Vermandois, art. 51.
(2) Ch. xiv, *des héritages*.

les novelles de Justinien vinrent à la connaissance
des juges ; ceux-ci les appliquèrent ; ils donnèrent
aux enfants la légitime telle qu'elle est déterminée par
ces novelles. C'est ainsi que s'introduisit la légitime
du droit romain, dite légitime de droit, dans les pays
coutumiers.

La cause de cette introduction de la légitime au
nombre des institutions coutumières ne fut donc pas
seulement le désir de protéger plus efficacement les
enfants contre les libéralités envers les étrangers ,
mais aussi la nécessité d'empêcher les *père et mère de
donner tant à l'un de leurs enfants que les autres en de -
meurent orphelins et déshérités* (1). Plus tard le *quantum*
de la légitime, fixé par les novelles, fut modifié dans
certaines coutumes. Celles de Paris, Orléans, du Ni-
vernais, avaient des textes exprès (2). La coutume de
Paris la fixa à la moitié de la portion héréditaire. Mais
les coutumes variaient à l'infini ; dans celles qui n'a-
vaient pas de dispositions formelles, on suivait l'article 298 de Paris ou le droit des novelles (3); dans
quelques-unes, le droit du Digeste et du Code (4).

En pénétrant dans les pays coutumiers, la légitime
rencontra le principe fondamental, en matière de successions, que la loi fait les héritiers, et non la volonté
de l'homme. De là des questions capitales soulevées
et non susceptibles d'être résolues, parce qu'elles tiennent plus au sentiment qu'au raisonnement. Les ré-

(1) Beaumanoir, *loc. cit.*
(2) Art. 298; 274; ch. 7, art. 7.
(3) Ferrière sur art. 298 C. de Paris, gl. 2, nos 8 et suiv.
(4) Denis Dupont sur art. 167 de cout. de Blois.

serves coutumières saisissent : la légitime saisira-
t-elle ? — Les uns pensent qu'il faut régler par les
maximes du droit romain cette institution qui en vient;
les autres veulent la soumettre au principe des réserves coutumières (1).

Autre question : le légitimaire est-il tenu des dettes
sur les donations qu'il fait réduire? — Non, pour ceux
qui ne le regardent pas comme saisi; mais pour ceux
qui lui donnent la saisine, ce point fait difficulté : les
uns admettent qu'en se portant héritier bénéficiaire, il
n'est pas tenu (2); les autres veulent qu'il renonce et
qu'il demande cependant ce retranchement des donations (3); d'autres, qu'il s'abstienne seulement de la
succession (4). L'opinion qui permet au légitimaire de
profiter seul, à l'exclusion des créanciers, du bénéfice
du retranchement des donations, est presque univer-
sellement admise. Quelques-uns cependant la repous-
sent: suivant eux, les biens rentrés dans la succession
sont soumis à l'action des créanciers.

La raison d'équité, qui fait repousser les créanciers,
influa sur les coutumes qui établissaient une réserve
sur les donations entre-vifs. L'héritier, en prenant la
précaution du bénéfice d'inventaire, conserve les re-
tranchements faits sur les donations (5).

Qu'on admît ou non que la légitime saisissait, elle
était accordée distributivement à chacun des enfants.

---

(1) Dumoulin sur anc. art. 125 de Paris; Ricard, *Donat.*, p. 3, n° 978.
(2) Ricard, n°s 984 et 985; Lebrun, *Succes.*, 2, 3, 1, 10.
(3) Argon, p. 327.
(4) Dum., *Cons.* 35, n°s 13 et suiv.
(5) Pothier, *Donat. entre-vifs*, sect. 3, art. 6, § 3.

C'était l'esprit du droit romain : les textes des coutumes et de l'ordonnance de 1731 (art. 34) sont formels.

Ce fut seulement en faveur des enfants que les coutumes admirent la légitime du droit romain ; elle ne fut pas accordée aux ascendants. Du reste, ce point avait été longtemps douteux. La faveur des père et mère et l'exemple du droit écrit combattaient fortement pour l'admission de la légitime ; mais elle présentait un double inconvénient : « empêcher aux enfants la » libre disposition des acquêts, qui sont les fruits de » leur industrie ; leur interdire le commerce d'une » grande partie de leurs biens. » « D'ailleurs, ajoute » Lebrun (1), nous avons considéré que la légitime » des ascendants n'est pas naturelle et qu'ils sont hé- » ritiers contre le vœu de la nature. »

Cette réflexion de Lebrun rappelle les belles paroles du jurisconsulte romain. Papinien considérait aussi que les ascendants sont héritiers contre le vœu de la nature, mais que c'est pour les enfants un devoir de piété naturelle de laisser à leurs parents une partie de leur succession : *Nam et si parentibus non debetur filiorum hereditas, propter votum parentium et naturalem ergà filios caritatem, turbato tamen ordine mortalitatis, non minus parentibus quàm liberis piè relinqui debet* (2).

(1) Succes. 1, 5, 8, 26 et suiv.
(2) L. 15, *princ.*, ff. *de inof. test.*

DROIT INTERMÉDIAIRE. — TRAVAUX PRÉPARATOIRES DU CODE NAPOLÉON.

Aucune institution touchant de près ou de loin à l'ordre public n'échappa au mouvement de la Révolution. La législation des successions devait être et fut profondément modifiée. Toutes les anciennes institutions, distinction des propres et des acquêts, légitime de droit, légitimes ou réserves coutumières, furent successivement frappées par les décrets révolutionnaires. La variété des coutumes cessa pour faire place à une législation uniforme. Un décret du 8-14 avril 1791 appela tous les héritiers du même degré à succéder à tous les biens du défunt; un autre du 7 mars 1793 établit entre les enfants une égalité absolue. Le 5 brumaire an II, la Convention rendit un décret par lequel elle restreignait la faculté de disposer au dixième du patrimoine en présence d'enfants, au sixième, s'il n'y en avait pas.

La légitime était abolie; la loi n'attribuait pas une portion de biens aux enfants; elle permettait de disposer d'une certaine partie de ses biens; le reste formait la succession *ab intestat*. C'était la reproduction du principe des réserves coutumières; le texte et l'esprit de la loi ne permettent aucun doute. La définition de

Lebrun citée plus haut s'applique parfaitement à la nouvelle institution. La loi du 17 nivôse an II ne fit que codifier le système nouveau.

Mais ces lois portaient une trop grave atteinte au droit de propriété et à la puissance paternelle pour être respectées. On sentit le besoin de modifier cette législation repoussée par la nation et si contraire aux principes de l'équité. Divers projets furent élaborés (1) ; ce qu'il importe de remarquer, c'est que tous ils procèdent par réserve et portion disponible, comme la loi de nivôse. L'art. 16 du dernier porte que les donations entre-vifs ou à cause de mort ne pourront excéder le quart des biens du donateur, s'il laisse des enfants, etc. L'art. 22 n'accorde le droit de demander la réduction qu'à ceux des héritiers venant à succession, au profit desquels la loi a restreint la faculté de disposer, et proportionnellement à la part qu'ils recueillent.

Les travaux du Code n'étaient point terminés. Le gouvernement, afin de donner satisfaction à l'opinion publique qui se révoltait contre la loi de nivôse, proposa la loi provisoire de germinal an VIII ; elle disposait que toutes les libéralités seraient valables lorsqu'elles n'excéderaient pas le quart des biens du disposant, s'il laissait à son décès moins de quatre enfants ; le cinquième, s'il laissait quatre enfants, et ainsi de suite (art. 1er ; la moitié, s'il laissait des ascendants, frères, sœurs ou descendants de frères ou sœurs ; les

(1) Projets de Cambacérès (23 fructidor an II ; messidor an IV). — De la section de législation du conseil des Cinq-Cents, dit projet Jacqueminot an VIII). — De la commission du gouvernement (an VIII).

trois quarts, s'il laisse certains autres collatéraux que la loi indique (art. 3). La loi de germinal s'éloignait du système d'une légitime uniforme adoptée par les coutumes, et d'une réserve uniforme établie par les lois précédentes; elle admettait une gradation comme le droit romain.

Enfin, le 25 frimaire an XI, la discussion s'ouvrit au sein du Conseil d'État sur le titre des successions du projet de la commission du gouvernement. Le principe de la saisine des héritiers légitimes, admis dans les pays coutumiers, fut adopté avant toute discussion sur la portion disponible.

Le 30 nivôse suivant, commença la discussion sur le titre des donations et testaments par un rapport de M. Bigot-Préameneu. La section de législation proposait un article relatif à la légitime des enfants, à celle des ascendants et à la réserve des frères et sœurs (article 18); il était ainsi conçu : S'il y a des enfants ou descendants, ils auront à titre de légitime les trois quarts de ce qui leur reviendrait par succession, s'il n'y avait pas de dispositions entre-vifs ou testamentaires. La légitime des ascendants était fixée à la moitié; la réserve des frères et sœurs, au quart.

Ces dispositions différaient complétement des projets précédents; au lieu d'établir l'indisponibilité d'une certaine portion de biens en présence de certains parents, elle leur attribuait directement cette portion à titre de légitime. Ce système d'une légitime fut en définitive rejeté par les rédacteurs, qui revinrent à celui d'une réserve lorsqu'on discuta les articles relatifs à la réduction. Un des articles du projet de la section (art. 24), qui disposait que la réduction se ferait dans les proportions établies par l'art. 18, en raison de la légitime ou de la réserve de chaque successible, avait été retranché comme inutile. Un membre du Conseil critiqua cette suppression, par le motif que, dans un droit absolument nouveau, il est très-important de prévenir les doutes sur l'étendue que le législateur a voulu donner à ses dispositions. Sur cette observation, on revint sur la décision prise précédemment ; mais, au lieu de reproduire l'article retranché, on adopta l'art. 22 du projet de la commission, dont l'esprit était bien d'établir une réserve à laquelle auraient droit les seuls héritiers ; et ce fut dans ce sens qu'on modifia la rédaction de la partie de l'art. 18 relative à la légitime des enfants. C'est en ce sens également qu'avait été modifiée auparavant la seconde partie de cet article, relative à la légitime des ascendants (1). Il ne faut pas du reste attacher une trop grande importance aux mots employés dans toutes ces discussions ; l'expression de légitime était plus généralement usitée et s'appliquait même aux réserves coutumières.

Quatre questions capitales furent l'objet de l'attention particulière du Conseil : 1° quel serait le montant de la légitime des enfants ? l'admission du principe de la légitime ne pouvait faire difficulté ;— 2° une réserve serait-elle accordée à certains collatéraux ? — 3° le disponible pourrait-il être donné aux successibles ? — 4° les créanciers profiteraient-ils de la réduction ?

Sur la première question, on avait à choisir entre

(1) Confér. du Code civil, IV, p. 207. — Rédaction communiquée au Tribunat.

le système du droit romain, celui des coutumes, celui
de la loi de germinal. Le dernier état du droit romain
présentait des incohérences qui devaient le faire rejeter; s'il y avait cinq enfants, la légitime de chacun
était plus considérable que s'ils étaient quatre seulement. L'art. 298 de la coutume de Paris réduisait à
presque rien la légitime des enfants, s'ils étaient nombreux : le père de six enfants pouvait donner la moitié
de ses biens à l'un; les autres n'avaient qu'un douzième chacun. La loi de germinal présentait un inconvénient tout opposé ; en présence d'un grand nombre
d'enfants, l'autorité paternelle était presque anéantie.
La discussion fut longue et animée; les uns insistaient
sur la nécessité de fortifier le pouvoir du père de famille, surtout au sortir d'une révolution ; les autres,
plus attachés aux idées nouvelles, défendaient le projet
et demandaient même le retour pur et simple à la loi
de germinal. Le consul Cambacérès proposa une transaction, qui fut acceptée : on adopta la gradation telle
qu'elle est établie dans l'art. 913 du C. N.— La disposition sur la légitime des ascendants fut admise sans
discussion, avec la modification qui en a fait l'art. 915
du Code Nap.

Il n'en fut pas de même de la réserve proposée en
faveur des frères et sœurs ; le principe en fut vivement
attaqué au sein du Conseil. Tout le monde convenait
qu'il était bon de resserrer les liens de famille, et, pour
y arriver, les uns proposaient l'établissement d'une réserve, les autres la repoussaient. Entraîné par le sou-
venir des anciennes réserves coutumières en faveur
des collatéraux, le Conseil admit une réserve au profit

des frères et sœurs ; mais, sur l'avis unanime de la
section du Tribunat, elle fut définitivement rejetée.

Sur la troisième question, le droit romain et les coutumes différaient complétement. Le premier autorisait les prélegs et les donations avec dispense de rapport ; la plupart des coutumes au contraire défendaient
de donner par préciput. Cette disposition avait été justement critiquée par des jurisconsultes coutumiers (1).
Donner au père le droit d'enlever une partie de sa fortune à ses enfants et lui défendre d'en disposer en
faveur de l'un d'eux, c'est lui laisser seulement le droit
de punir ceux qui s'écarteraient du devoir, en le pri-
vant de la faculté de récompenser les services et les
bons soins commandés par la piété filiale. Les lois révolutionnaires, avec leur esprit d'égalité absolue entre
les héritiers, avaient dû maintenir et généraliser le
système des coutumes ; mais, abandonné déjà par la
loi réparatrice de germinal, il ne pouvait trouver place
dans la législation nouvelle. L'esprit de modération et
de justice qui animait les rédacteurs du Code Napoléon
devait leur faire repousser un système non moins contraire aux principes d'une sage organisation de la famille qu'aux sentiments et aux lois de la nature. On
décida que la portion disponible pourrait être donnée
aux réservataires.

La solution de la dernière question était indiquée
par l'ancien droit. Sans doute, de grandes discussions
s'étaient élevées sur le moyen d'arriver au résultat que
demandait la raison; mais tous étaient d'accord sur ce

(1) Coquille, *Instit. au droit français, des donations,* p. 244.

résultat. Cependant, rejeté d'abord par le Conseil d'Etat après une discussion laborieuse qui s'éleva sur l'art. 25 du projet, il ne fut admis ensuite que sur la demande du Tribunat, et après de nouvelles observations présentées par M. Tronchet. L'art. 25 portait : Les créanciers donataires et légataires du défunt ne peuvent demander la réduction. Plusieurs conseillers expliquèrent très-bien que l'action en réduction est un privilége accordé aux enfants pour leur assurer une légitime; qu'elle ne peut appartenir aux créanciers ; qu'à leur égard la donation a mis les biens hors des mains de leur débiteur.

Que les créanciers ne pussent pas demander la réduction, cela fut admis sans difficulté; mais comment, dit-on, les empêcher d'en profiter? Le légitimaire qui la demande fait acte d'héritier; il se trouve dès lors soumis à l'action des créanciers du défunt. Vainement on rappela le but de la réduction, le défaut de qualité des créanciers; ceux qui avaient élevé l'objection y persistèrent. Ce fut alors que M. Maleville dit que c'était mal à propos qu'on avait supposé que le légitimaire agissait nécessairement comme héritier. On ne fut point persuadé par cette nouvelle raison. Le Conseil décida que les créanciers profiteraient de la réduction.

Le Tribunat proposa le renversement complet de cette disposition, en se fondant sur ces deux motifs que la réduction n'est pas établie pour les créanciers, et que l'enfant la demande en qualité d'enfant. A la séance où fut fait le rapport sur les observations du Tribunat, M. Tronchet, absent aux autres séances, ap-

puya la modification proposée, mais il se garda bien
de reproduire le motif donné par M. Maleville. Il dit
que, lorsqu'une disposition prohibitive n'est relative
qu'à un intérêt particulier, ce serait s'écarter du but
de la loi que d'en donner le bénéfice à une autre personne qu'à celle en faveur de qui la loi l'a établie;
c'est ce qu'on a décidé déjà, ajouta-t-il, relativement
aux formalités du mariage et au rapport. Ce serait se
contredire que de faire profiter les créanciers de la
réduction. Ce fut après avoir entendu ces observations
que le Conseil adopta la proposition du Tribunat; elle
a contribué à former l'art. 921 du C. N.

CODE NAPOLÉON.

DE LA PORTION DE BIENS DISPONIBLE (DE LA RÉSERVE) ET DE LA RÉDUCTION.

Le Code Napoléon, suivant les traditions du droit intermédiaire, ne fixe pas le tarif de la légitime ou réserve; il détermine le montant de la quotité disponible. Mais réserve et disponible expriment deux idées corrélatives, les deux parties d'un même tout, de l'ensemble du patrimoine d'une personne ; la fixation de l'une donne la connaissance de l'autre. L'examen des législations qui ont précédé le Code Napoléon a montré qu'il existait une grande différence entre la légitime et les réserves. L'étude des travaux préparatoires indique que c'est vers le système de cette dernière institution qu'ont penché les législateurs. L'examen des textes complète cette démonstration.

Les art. 913 et 915 déterminent la quotité disponible, c'est-à-dire la portion de biens qu'il est permis de distraire de son patrimoine au préjudice de ses héritiers. Il en résulte que le patrimoine de toute personne qui laisse des enfants ou des ascendants est divisé en deux parties, disponible et réserve. Tout ce qui n'est pas disponible appartient aux héritiers; mais en vertu de quelle disposition de loi? Ce n'est pas l'art. 913 ou l'art. 915 qui fait leur titre, qui leur attribue les biens réservés; ils les recueillent en vertu des lois sur les successions, de l'art. 724 qui saisit

ceux qui sont dans l'ordre et le degré appelés à succéder. Le seul objet des art. 913 et 915, c'est de déterminer la portion disponible, et par suite la réserve;
ils ne s'occupent pas de la transmission de la propriété. Comme c'est en leur qualité de donataires ou
légataires et en vertu des art. 711 et 893 que les bénéficiaires de la portion disponible viennent la recueillir, de même, c'est en leur qualité d'héritiers et en
vertu des art. 711 et 724 que les bénéficiaires de la
réserve peuvent la réclamer. Ni pour les uns ni pour
les autres, les art. 913 et 915 ne constituent un titre
d'acquisition de propriété.

L'art. 914 parle d'enfant représenté dans la succession du disposant ; l'art. 915 dit, de même, que les
ascendants n'ont droit à la réserve qu'en leur qualité
d'héritiers, et la réserve des ascendants n'est pas d'autre
nature que celle des enfants. Les art. 917, 922, 930,
1006, 1009, 1011 parlent tous des héritiers auxquels
une portion de biens est réservée par la loi. Et on ne
peut pas dire que ce mot signifie les habiles à succéder, car dans l'art. 917 il s'agit d'héritiers qui font
une option et qui, par conséquent, ont accepté. Il y a
un autre article (1004) qui prouve péremptoirement
la nécessité d'être héritier ; il contient à l'égard des
réservataires une disposition semblable à celle qui,
dans l'art. 724, concerne les héritiers en général : il
leur accorde la saisine de la portion réservée.

On doit conclure de toutes ces dispositions que la
réserve n'est que la succession réservée. Il faut donc
appliquer ici toutes les règles concernant les successions; par conséquent, ce n'est que suivant l'ordre

établi par les lois des successions que ceux auxquels la loi accorde une réserve peuvent y prétendre. Elle est attribuée en masse à tous ceux qui y ont droit. La part de ceux qui renoncent accroît à la part de ceux qui acceptent. Il faut se porter héritier pour pouvoir la demander.

Ces résultats sont incontestables pour le cas où la réserve se trouve pour partie au moins dans les biens existants au décès du disposant : ce qui a lieu lorsqu'il n'a fait aucune donation, ou que la valeur de ses donations est égale à la portion disponible, ou que, même la dépassant, elles n'absorbent pas tout le patrimoine.

Mais si la réserve est tout entière aux mains des donataires, soit qu'il n'y ait aucuns biens existants, soit qu'ils soient absorbés par les dettes, on soutient qu'il n'y a plus de succession, que le réservataire n'est plus dans la nécessité de se porter héritier. Cette difficulté sera examinée au chapitre de la réduction.

CHAPITRE Ier.

DES HÉRITIERS QUI ONT DROIT A LA RÉSERVE.

Les seuls héritiers auxquels la loi accorde expressément une réserve sont les descendants et les ascendants légitimes, appelés suivant l'ordre des successions, d'abord les enfants au premier degré, et, à leur défaut, leurs descendants. Mais ceux-ci ne comptent que pour l'enfant qu'ils représentent dans la succession du disposant (914 C. N.). Il ne s'agit pas ici d'une représentation dans le sens juridique du mot, tel qu'il est déterminé par l'art. 739, mais d'une vocation des enfants au lieu et place de leur père, soit qu'ils succèdent de leur chef, soit qu'ils empruntent son degré. C'est en ce sens que la raison et l'équité veulent qu'on entende les mots *qu'ils représentent* de l'art. 914.

A défaut d'enfants et descendants, la loi accorde une réserve aux ascendants, mais à eux seuls; elle l'a refusée aux collatéraux (916 C. N.). Du principe établi plus haut que la réserve est la succession *ab intestat*, il résulte que les ascendants n'y peuvent prétendre qu'autant qu'ils sont appelés à la succession, et dans l'ordre où la loi les y appelle. Le défunt ne laisse-t-il que des ascendants, ils prennent la réserve qui leur est accordée par l'art. 915; laisse-t-il des ascendants et des collatéraux, ils peuvent être appelés concurremment à la succession. Dans ce cas, les ascendants, étant héritiers, ont droit à une réserve. Si la quotité en est au plus égale à leur part héréditaire, il n'y a pas de difficulté; mais si elle la dépasse, l'ascendant devra-t-il se contenter de cette part héréditaire, ou pourra-t-il attaquer les légataires et donataires, ou bien enfin compléter sa réserve aux dépens des collatéraux ses cohéritiers? C'est à cette dernière idée que conduit nécessairement l'application des principes; admettre l'une des deux autres, ce serait donner aux collatéraux une réserve que la loi leur a refusée. C'est afin de ne laisser aucun doute à ce sujet que le Tribunal proposa d'écrire dans la loi la disposition qui forme la dernière partie de l'art. 915 (1).

(1) Confér. du Code civil, t. ıv, p. 210.

Les ascendants peuvent être exclus de la succession par des collatéraux : c'est ce qui a lieu au cas où le défunt laisse des aïeuls ou aïeules et des frères ou sœurs ou descendants d'eux. Ce résultat a quelque chose de bizarre et d'incohérent (1) ; il ne paraît pas avoir été prévu par le législateur (2). L'historique de la rédaction du Code en donne l'explication. On a essayé de justifier la loi en disant que l'ascendant pourra demander des aliments aux frères et sœurs du défunt ; mais c'est confondre la réserve et la dette alimentaire. Cette ressource manquera même à l'ascendant dans le cas prévu par la dernière partie de l'art. 752.

Il est évident, du reste, que si les frères et sœurs étaient déclarés absents ou renonçaient à la succession, les ascendants qu'ils excluaient, venant alors en ordre utile pour succéder, pourraient demander une réserve. Mais cette renonciation des frères et sœurs ne peut produire d'effet s'il existe un légataire universel. On ne peut renoncer à une succession qu'autant qu'on est héritier ; et le frère n'a pas cette qualité en présence d'un légataire universel que la loi, exécutant les volontés du testateur, investit elle-même de la succession (art. 1006 C. N.). Hors ce cas d'un légataire universel, alors même que le défunt aurait épuisé son patrimoine par des donations entre-vifs ou des legs particuliers ou à titre universel, le frère étant saisi de la succession et héritier de droit, ce serait suivre la raison juridique et ne pas contrarier peut-être les intentions du défunt, que de

(1) Marcadé, art. 915, ii.
(2) Conférer. du Code civil, p. 210 et 211.

faire produire effet à la renonciation du frère. La crainte
d'une fraude possible dans certains cas ne peut dispenser d'obéir à la loi.

Aux enfants légitimes il faut assimiler les enfants
légitimés et leurs descendants, les enfants adoptifs,
puisque la loi leur confère à tous les mêmes droits
qu'aux enfants légitimes (art. 333, 332, 350, 351 C.
Nap.), et leur réserve doit se prendre même sur les
biens donnés avant leur légitimation ou leur adoption,
car ces faits sont pour eux ce qu'est la conception
pour l'enfant légitime.

Quant aux enfants naturels, la loi leur donne sur
les biens de leurs père et mère un droit qui est de la
même nature que celui des enfants légitimes, avec
cette différence cependant que, dans le but d'honorer
le mariage, elle refuse aux premiers le titre d'héritiers; mais leur droit est présenté par la loi elle-même
comme une fraction de celui des enfants légitimes. En
suivant l'analogie des idées, on doit leur accorder une
réserve qui soit une fraction de la réserve de ceux-ci (1).
La leur refuser d'une manière absolue ou lui donner
au contraire la même étendue qu'à la portion héréditaire, ce sont là deux opinions extrêmes qui doivent
être repoussées ; elles sont évidemment contraires à
l'esprit de la loi. Un système intermédiaire (2) accorde
à l'enfant naturel une réserve ; mais il ne peut la
prendre que sur les biens donnés postérieurement à sa
reconnaissance, par ce motif que c'est à ce moment

(1) M. Troplong, *des Donat. et Test.*, t. ii, p. 366; Marcadé, art. 916, i.
(2) Toullier, iv, 260; Grenier, n° 665.

seulement qu'il acquiert des droits, comme si l'enfant légitime, dont la réserve porte sur tout le patrimoine de son père, pouvait avoir quelque droit avant sa conception.

La loi accorde une réserve aux père et mère et autres ascendants légitimes, à quelque degré qu'ils soient. Il est conforme à son esprit d'en attribuer une aux père et mère sur les biens des enfants qu'ils ont légitimés. Mais les textes mêmes s'opposent à ce qu'on reconnaisse le même droit au père adoptif, puisqu'ils ne lui donnent de droits que sur les biens qui existent en nature dans la succession de l'adopté (1). Par le même motif (art. 747), on doit décider que l'ascendant donateur n'a droit à aucune réserve sur les biens par lui donnés à ses enfants ou descendants.

L'art. 915 ne parle pas des père et mère naturels. On a invoqué, pour leur refuser une réserve, la discussion au conseil d'Etat; on a dit aussi qu'il y aurait contradiction à donner aux parents coupables une réserve aussi forte qu'aux ascendants légitimes, alors que la réserve de l'enfant naturel, innocent, n'était qu'une fraction de celle de l'enfant légitime (2). Mais d'abord on ne peut prendre pour la volonté du législateur l'opinion de deux ou trois conseillers; et quant à la contradiction dont on parle, elle existerait dans la loi elle-même, qui fixe la part héréditaire des enfants naturels à une fraction de celle des enfants légitimes, tandis qu'elle donne aux père et mère naturels les

(1) Art. 351, 352 C. N.
(2) Marcadé, art. 915, III.

mêmes droits de succession qu'aux ascendants légitimes. L'humanité demande qu'en l'absence d'un texte positif qui soit contraire, on accorde une réserve aux père et mère naturels (1).

CHAPITRE II.

DU MONTANT DE LA RÉSERVE.

Le Code n'a point établi pour la réserve un tarif fixe et invariable. La quotité change au contraire en raison de bien des circonstances différentes ; elle peut varier suivant le nombre de ceux qui y ont droit, le rapport de génération dans lequel ils se trouvent avec le défunt, la nature du lien de parenté qui les unissait à lui, sa capacité, la qualité des donataires ou légataires. La réserve de plusieurs enfants est plus considérable que celle d'un fils unique ; la réserve des ascendants diffère de celle des enfants ; celle des enfants naturels n'est pas la même que celle des enfants légitimes. Enfin, pour le même héritier, la réserve est différente suivant que le bénéficiaire de la quotité disponible est le conjoint du défunt, ou toute autre personne, étranger ou parent, peu importe. La quotité disponible entre époux est dans le Code l'objet de règles particulières ; elle sera la matière de la seconde partie de ce chapitre, dont le complément nécessaire sera l'étude de la combinaison du disponible ordinaire et du disponible entre époux.

(1) Troplong, *des Donat. entre-vifs et test.*, n° 817.

SECTION Ire.

La quotité disponible a pu être donnée à un étranger ou à l'un des réservataires, enfant ou ascendant. Le Code autorise les avantages préciputaires en faveur des héritiers (art. 919). Le montant de la réserve est donc indépendant de la qualité d'héritier ou d'étranger dans le bénéficiaire de la portion disponible.

La réserve des enfants est déterminée d'après leur nombre. On peut dire, avec M. Troplong (1), que l'idée fondamentale du Code, c'est la loi de la communauté appliquée à la famille : le père et les enfants ont des parts égales dans le patrimoine. S'il n'y a qu'un enfant au décès, sa réserve est de moitié ; le père a pu disposer de moitié ; s'il y en a deux, la réserve est des deux tiers ; le père a pu disposer de l'autre tiers ; le disponible est du quart, s'il y en a trois. La gradation s'arrête ici ; la loi de la communauté ne s'applique pas au delà. Quel que soit le nombre des enfants, le père a toujours droit à la libre disposition du quart de ses biens. Pousser le principe d'association dans toutes ses conséquences, c'eût été réduire à rien le droit de propriété du père et l'autorité qui lui est nécessaire au sein de la famille.

Ainsi la réserve des enfants, sans jamais être inférieure à la moitié du patrimoine, ne s'élève pas au delà

(1) *Donations entre-vifs et testam.*, n° 761.

des trois quarts. La variation entre ces deux quotités a lieu en raison du nombre des enfants que le père laisse à son décès. Cette règle paraît bien simple, et pendant longtemps tout le monde l'a entendue dans un sens que lui donne encore aujourd'hui une jurisprudence unanime. Mais il n'en est pas de même dans la doctrine, où elle est, depuis quelques années surtout, l'objet d'une vive controverse. La difficulté s'élève dans le cas où le père de famille laisse deux ou trois enfants et que l'un renonce à la succession. Doit-on, pour fixer le montant de la réserve, considérer seulement les enfants qui acceptent la succession, ou bien faut-il au contraire compter tous les enfants qui existent au décès, ceux qui renoncent comme ceux qui acceptent? La même question se présente pour l'enfant déclaré indigne. Le cas d'absence ne peut donner lieu à difficulté. L'enfant absent n'est pas compté, mais il peut être représenté par ses descendants (art. 136).

Le montant de la réserve doit être déterminé d'après le nombre des enfants existants au décès, sans avoir égard aux renonciations qui pourraient être faites par quelques-uns d'entre eux. L'art. 913 dit en effet que les libéralités ne pourront excéder la moitié, le tiers, le quart des biens, si le disposant laisse à son décès un, deux, trois enfants. La loi établit ici les limites de la faculté de disposer, la condition sous laquelle la portion disponible est fixée à telle ou telle quotité; cette condition, c'est l'existence d'un ou plusieurs enfants au décès. Tel est le sens naturel et grammatical des mots *laisse à son décès* de l'art. 913; ils ont rapport à l'état de la famille au décès. On dit, dans l'opinion contraire, que c'est là interpréter judaïquement l'art. 913 ; que les mots *laisse à son décès* signifient laisse pour héritiers ; qu'ils ne doivent s'entendre que d'enfants qui acceptent ; et la preuve, ajoute-t-on, c'est que si le défunt laissait un fils et un frère, et que le fils renonçât, la quotité disponible comprendrait tout le patrimoine. C'est d'ailleurs le sens que présentent vingt autres articles du Code, 746, 749, 750, etc., conçus dans les mêmes termes ou en des termes analogues ; partout ces expressions sont prises dans le sens relatif, avoir pour héritiers.

Cela est vrai en fait et pour le résultat ; mais le raisonnement qu'on veut appuyer sur ces résultats qui sont exacts, ce raisonnement n'est pas juste pour deux motifs : le premier, qu'on ne doit pas nécessairement attribuer aux mots de l'art. 913 le sens que ces mots peuvent avoir dans des dispositions du titre des successions, relatives à la transmission des biens, alors que ce n'est pas, il faut bien le reconnaître, le sens naturel des mots, mais un sens relatif à la matière, et que le texte à interpréter ne s'occupe nullement de la transmission de la propriété ; le second, que les art. 746, 747 se rapportent à l'état de la famille au décès ; que le législateur, en les écrivant, n'a considéré que l'existence et la qualité des parents vivants au moment du décès. Ce n'est que plus loin, dans les art. 785 et 786, qu'il a réglé les effets de la renonciation ; mais cette règle ne change pas le sens grammatical et juridique des mots *laisse au décès* (1).

(1) Coin-Delisle, *Limites du droit de rétention*, etc., p. 207 et suiv.

Le montant de la réserve, déterminé d'après l'art. 913 ainsi entendu, est attribué aux héritiers suivant les règles des successions. Si l'un des enfants renonce, il est censé n'avoir jamais été héritier (art. 785); sa part accroît à celle de ses cohéritiers (786). Ce résultat est inévitable. Mais, objecte-t-on, si tous les enfants renonçaient, les ascendants devraient pouvoir prendre la réserve fixée d'après le nombre des enfants existants au décès, car, d'après l'art. 786, la part qui accroîtrait aux cohéritiers du renonçant est dévolue, s'il est seul, au degré subséquent. C'est attacher à l'art. 786 beaucoup plus d'importance qu'il n'en a réellement. Cet article ne fait qu'exprimer la conséquence ordinaire de l'art. 785; mais c'est dans ce dernier article seul qu'il faut voir le · principe de l'effet de la renonciation; l'héritier qui renonce est censé n'avoir jamais été héritier. Il en résulte que dès qu'il reste un seul enfant qui accepte, il exerce dans toute son étendue son droit héréditaire, qui comprend l'action contre les donataires jusqu'à concurrence de la portion de biens fixée d'après l'art. 913.

Que si tous les enfants renoncent, c'est l'ordre des ascendants qui est appelé à la succession, peut-être en concours avec les collatéraux. Les ascendants exercent les droits attachés à leur ordre; ils demanderont la réserve, mais seulement dans les limites que la loi a fixées à leur privilége. Sans doute la réserve, déterminée d'après l'état de la famille au décès, ne cesse pas d'exister parce que les enfants renoncent; mais ils se rendent non recevables à troubler les donataires. Les ascendants viennent alors à la succession; ils peu-

vent user de leur privilége, mais ils doivent en user
de la manière que la loi l'a prescrit, sans pouvoir l'é-
tendre. Que si les ascendants renoncent, les collatéraux
appelés à la succession n'ont pas qualité pour demander la réserve; elle reste aux mains des donataires.

Le Code ne renferme point de texte relatif à la réserve des enfants naturels. L'opinion la plus conforme
à la pensée qui a fait écrire l'art. 757 est celle qui fixe
la quotité de leur réserve à une fraction de celle des
enfants légitimes. Ce système peut se formuler en cette
règle : la réserve de l'enfant naturel est avec la réserve
de l'enfant légitime dans le même rapport que le droit
de succession de cet enfant naturel est avec la part héréditaire qu'il aurait s'il était légitime. Cette règle s'applique dans tous les cas possibles, que l'enfant naturel vienne seul à la succession ou qu'il concoure avec
des enfants légitimes, des ascendants ou des collatéraux. Elle est indépendante des controverses qui peuvent s'élever sur les droits de succession des enfants
naturels concourant avec des ascendants dans une ligne
et des collatéraux dans l'autre, ou bien avec des descendants de frères ou sœurs, ou bien encore avec un
légataire universel excluant des collatéraux ; indépendante en ce sens que, le droit de succession une fois
déterminé, il y aura toujours lieu à l'appliquer pour
fixer le montant de la réserve.

L'enfant naturel est-il seul appelé à la succession
de son père qui ne laisse aucun héritier légitime, son
droit héréditaire est le même que celui d'un enfant légitime; il aura la même réserve; concourt-il avec des
enfants légitimes, sa part héréditaire est du tiers de celle

qu'il aurait s'il était légitime ; sa réserve sera du tiers de celle d'un enfant légitime, un neuvième, un douzième, etc., selon qu'il y aura un, deux enfants légitimes ou plus. En présence d'ascendants ou de frères ou sœurs, sa part héréditaire est fixée à la moitié de celle d'un enfant légitime, c'est-à-dire à la moitié de la succession ; sa réserve sera de la moitié de celle d'un enfant légitime, du quart de la succession ; enfin, en présence de collatéraux autres que frères ou sœurs, sa part héréditaire est des trois quarts de celle d'un enfant légitime, c'est-à-dire de la succession ; sa réserve sera des trois quarts de celle de l'enfant légitime, ou des trois huitièmes de la succession.

Après avoir ainsi fixé la quotité de la réserve de l'enfant naturel, il faut la combiner avec celle des parents légitimes appelés avec lui à la succession. Si l'enfant naturel n'avait qu'un droit de créance sur la succession de ses père et mère, sa réserve, qui ne peut être d'une autre nature que ce droit lui-même, serait une dette de la succession. A ce titre on devrait, comme nous le verrons plus loin, la prélever avant de calculer la réserve des parents légitimes. Mais le droit de l'enfant naturel n'est pas une simple créance, pas même une créance *in re*, comme l'appelle un auteur ; c'est un véritable droit héréditaire ; cela résulte de la discussion au Conseil d'Etat, de la rédaction de l'article 757 et des principes généraux. A l'instant du décès de son père, l'enfant naturel devient propriétaire de la portion de biens que la loi lui attribue dans sa succession. Il paraîtrait donc qu'on devrait compter l'enfant naturel comme une fraction d'enfant légitime pour le

calcul de sa réserve et de celle des parents légitimes.
Les deux systèmes conduisent au même résultat,
lorsque l'enfant naturel concourt avec moins de trois
frères légitimes.

Mais il n'est plus le même au cas de concours de
l'enfant naturel avec trois frères légitimes ou plus, ou
avec des ascendants. Si l'on compte l'enfant naturel
comme une fraction d'enfant légitime, la quotité disponible, dans ces dernières hypothèses, ne subira aucune
réduction pour former la réserve de l'enfant naturel ;
elle sera toute à la charge de la réserve des enfants et
ascendants légitimes. C'est évident au cas de trois enfants légitimes, puisqu'un quatrième enfant légitime
ne diminuerait pas la quotité disponible; à plus forte
raison, la présence de l'enfant naturel, qui ne compte
que pour une fraction d'enfant légitime, ne doit-elle
pas la diminuer. Y a-t-il un enfant naturel et des ascendants, on dira dans le même système : si l'enfant
était légitime, sa réserve serait de moitié, le disponible
de moitié ; les ascendants n'auraient pas de réserve; il
ne peut compter que pour moitié d'enfant légitime, sa
réserve est d'un quart; les ascendants, qui auraient
une réserve de moitié s'il n'existait pas, subiront une
réduction de moitié; ils recevront un quart. La quotité
disponible, qui serait de moitié si l'enfant était légitime, de moitié encore s'il n'existait pas, restera à cette
valeur.

Ce système est formellement repoussé par le texte
de l'art. 913, qui ne permet pas de compter les enfants
naturels même pour une fraction d'enfant légitime,
indépendamment des raisons morales qui s'opposent à

ce qu'on l'admette. De ce qu'on ne peut compter les
enfants naturels pour fixer le montant de la réserve,
il résulte qu'on ne peut pas leur attribuer une part
héréditaire dans une masse pour la composition de
laquelle ils n'ont pas été pris en considération. Cependant on ne peut leur refuser une réserve; il faut la
regarder comme une charge de la succession, qu'on
devra prélever sur la masse des biens; sur le reste, on
calculera la réserve des parents légitimes. Voilà ce
qui concerne la réserve des enfants.

La réserve des ascendants n'est pas déterminée
d'après leur nombre; elle est d'un quart des biens de
la succession pour chaque ligne, quel que soit le
nombre des ascendants de la ligne; elle est la même
pour le père que pour les quatre bisaïeuls et bisaïeules
paternels. Mais celle du père et de la mère a cela de
particulier qu'au cas de concours avec les frères et
sœurs, elle est précisément égale à la part héréditaire.
S'il y a des ascendants dans les deux lignes, la réserve
est de moitié; elle est du quart s'il n'y en a que dans
l'une et qu'il y ait des collatéraux dans l'autre; elle ne
serait également que du quart si, par l'absence de collatéraux, les ascendants étaient appelés à toute la
succession. L'art. 915 ne laisse aucun doute à ce sujet.
Il serait bizarre que la quotité disponible, qui est des
trois quarts lorsqu'il existe des collatéraux dans l'une
des deux lignes, ne fût plus que de moitié lorsqu'il
n'y aurait pas même de collatéraux. C'est assez d'admettre un pareil résultat quand on y est amené for-
cément par la loi elle-même. De ce que la réserve est
attribuée à chaque ligne séparément il suit encore que

la renonciation ou l'indignité d'un ascendant ne profite
qu'à celui ou à ceux du même degré ou d'un degré
plus éloigné qui appartiennent à la même ligne que le
renonçant ou l'indigne.

Le tarif de la réserve, ainsi fixé suivant la qualité et
le nombre des héritiers, n'est relatif qu'aux libéralités
portant sur la pleine propriété. Le législateur devait
établir des règles spéciales pour les dispositions de revenus ; il ne pouvait pas en effet permettre de donner
en revenus la valeur de la quotité disponible. L'usufruit est ordinairement estimé à la moitié de la pleine
propriété ; de sorte que, dans le cas où la réserve est de
la moitié des biens, les réservataires auraient pu être
réduits à une nue propriété. Malgré ce grave inconvénient, ce système était suivi dans l'ancien droit par
plusieurs jurisconsultes ; mais d'autres, en plus grand
nombre, le rejetaient. Ils calculaient la portion disponible séparément et quant à la propriété et quant au
revenu, qui devaient rester intacts l'un et l'autre dans
les mêmes limites ; de sorte qu'il y avait lieu de réduire toute libéralité qui entamait les revenus de la
portion indisponible, alors même que la perte de revenus était plus que compensée pour les réservataires
par la nue propriété qu'ils trouvaient dans la succession.

Ce système était sans doute bien préférable au premier ; mais il avait l'inconvénient de gêner beaucoup
la liberté du disposant. Reproduit dans le projet du
gouvernement, il fut abandonné au Conseil d'Etat et
remplacé par un autre qui concilie les droits du disposant et des réservataires, et évite une estimation tou-

jours incertaine. Le disposant peut donner telle valeur
en usufruit qu'il juge convenable. Les héritiers ont le
choix d'exécuter la disposition ou d'abandonner la portion disponible en toute propriété (art. 917 C. N.); ils
peuvent prendre chacun un parti différent, à moins
qu'il ne s'agisse des droits indivisibles d'usage ou
d'habitation ; dans ce cas, ils devraient s'entendre.

Cette option n'appartient aux héritiers qu'autant que
la libéralité excède la quotité disponible du revenu.
C'est ce qui résulte du changement apporté à la rédaction primitive de l'art. 917 par l'adjonction des mots
dont la valeur excède la quotité disponible. Telle est
la seule condition d'applicabilité de l'art. 917. Il importe peu que la libéralité de revenu soit seule ou
bien précédée ou suivie d'une de revenus ou de pleine
propriété. Une estimation n'est jamais nécessaire
entre le réservataire et le donataire d'usufruit pour la
valeur de son droit ; mais l'estimation est indispensable
entre les donataires ou légataires postérieurs et le réservataire, lorsqu'il a exécuté la disposition. On peut
évaluer en principe l'usufruit à la moitié de la pleine
propriété : c'est la base établie par la loi de frimaire
an VII; mais il faut tenir compte des circonstances
d'âge, de santé, de profession de l'usufruitier.

SECTION II.

LA QUOTITÉ DISPONIBLE A ÉTÉ DONNÉE PAR LE DÉFUNT A SON CONJOINT.

Les sentiments de mutuelle affection qui doivent
unir les époux, les obligations d'assistance réci-
proque que fait naître le mariage, et, d'un autre côté,

l'excès même de la tendresse conjugale, la crainte de l'influence que l'un des époux prend ordinairement sur la volonté de l'autre, et surtout l'entraînement de celui qui contracte une nouvelle union, devaient porter le législateur à régler par des dispositions particulières l'étendue des libéralités entre époux.

La quotité disponible, et par suite la réserve, ne varient pas seulement ici d'après la qualité de descendant ou d'ascendant. Le montant de la réserve diffère, pour les descendants, suivant qu'ils sont les enfants communs du disposant et de son conjoint donataire, ou qu'ils sont issus d'un précédent mariage. Mais, s'il existe des enfants des deux lits, la réserve des enfants du premier mariage, ordinairement plus considérable que la réserve des enfants communs, se partage entre eux tous par égales portions, en vertu des lois des successions.

D'après ces distinctions, il faut déterminer le montant de la réserve des ascendants, fixer ensuite celle des enfants communs, et enfin celle des enfants d'un premier lit.

§ Ier.

Le disposant ne laisse que des ascendants.

L'époux a la faculté de donner à son conjoint ce qu'il peut donner à un étranger, d'après l'art. 915, et en outre l'usufruit de la portion réservée (art. 1094); de sorte que les ascendants ont pour réserve une moitié ou un quart de nue propriété, selon qu'ils appartiennent ou non à la même ligne. Cette disposition, que beaucoup de jurisconsultes ont critiquée, ne peut s'expliquer que par la grande faveur du mariage (1). On a essayé de la justifier en disant que l'ascendant peut vendre cette nue propriété ou demander des aliments à ses gendres et belles-filles. Mais c'est là une triste ressource, et on eût mieux honoré la paternité et la vieillesse en assurant à l'ascendant la jouissance de la réserve (2). Le législateur en a décidé autrement. La réserve des ascendants ne consiste que dans la nue propriété d'une moitié ou d'un quart du patrimoine ; par conséquent, toute donation ou legs universel doit recevoir son exécution entière, si la disposition porte sur la jouissance ou l'usufruit, et, si elle porte sur la toute propriété, subir la réduction d'une moitié ou d'un quart de nue propriété. Mais, conformément au principe général que tout usufruitier doit donner caution, l'ascendant pourra, afin d'assurer la conservation de la faible ressource que la loi lui accorde, demander caution à l'époux donataire.

§ II.

Le disposant laisse des enfants issus de son mariage avec le donataire.

L'époux peut disposer au profit de son conjoint de l'usufruit de la moitié de son patrimoine, ou du quart en usufruit et du quart en pleine propriété (art. 1094).

(1) Fenet, t. xii, p. 621.
(2) Vazeille sur art. 1094, n° 2.

Cette alternative peut paraître bizarre au premier abord. Le droit de disposer du quart en toute propriété et du quart en usufruit contient évidemment le droit de disposer de la moitié en usufruit. L'historique de la rédaction du Code en donne l'explication. Dans le projet, la portion disponible en usufruit était tarifée à la même quotité que la portion disponible en toute propriété. Ce système était général ; c'était l'art. 1094 qui l'établissait pour les libéralités entre époux ; l'alternative qu'il présente était donc toute naturelle. Plus tard, ce système fut abandonné pour le disponible ordinaire et remplacé par la règle de l'art. 917 ; mais rien n'indique que le législateur l'ait rejeté pour le disponible entre époux. La conservation de l'art. 1094 dans sa rédaction primitive montre au contraire qu'il l'a maintenu. La quotité disponible est donc plus ou moins considérable, suivant que l'époux a donné de la toute propriété et de l'usufruit ou de l'usufruit seulement.

Si l'époux avait légué toute la portion dont la loi lui permet de disposer, ou qu'il eût fait une disposition universelle, il faudrait donner à cette libéralité la plus grande étendue que la loi autorise. Il pourrait arriver que l'acte de disposition contînt l'alternative écrite dans la loi. Il paraît plus conforme à l'esprit de la loi et aux intentions du disposant de laisser le choix à l'époux légataire. L'art. 1190, qu'on invoque en faveur des héritiers, appartient à un ordre d'idées tout à fait différent. La loi n'a pas prévu le cas d'un don ou legs de rente viagère : il faudrait recourir à une estimation, afin de savoir si la libéralité ne dépasse pas le disponible le plus fort; mais on lui conserverait son caractère de viager (1).

Le disponible et par suite la réserve des enfants sont indépendants de leur nombre ; de là il suit que la réserve sera tantôt plus considérable, tantôt moins grande que si le donataire était un étranger. En présence d'un étranger donataire, la réserve de trois enfants serait des trois quarts en toute propriété ; l'un des époux peut prélever un quart d'usufruit en faveur de son conjoint. La réserve de deux enfants est à peu près la même dans les deux cas. Le donataire est-il un étranger, la réserve d'un seul enfant est de la moitié ; ici, elle comprend en outre un quart de nue propriété. Ces résultats, qui viennent de l'application textuelle de l'art. 1094, ont paru à quelques personnes peu conformes à l'esprit de la législation si favorable au mariage. Il est inadmissible, ont-elles dit, que la loi défende à l'un des époux de donner à l'autre ce dont elle lui permet de disposer en faveur d'un étranger. Elles appuient cette opinion sur les textes du Code ; les textes la condamnent. Elles induisent du rapprochement des projets primitifs l'intention du législateur ; les travaux préparatoires révèlent une pensée tout opposée. Enfin, les raisons morales qu'elles invoquent cèdent devant d'autres considérations plus puissantes qui sont confirmées par l'expérience.

L'invariabilité de la quotité disponible entre époux est fondée sur deux motifs : d'abord il est conforme aux sentiments de l'affection conjugale et à la dignité paternelle que les époux puissent conserver à celui d'en-

(1) M. Troplong, *Donat. et Test.*, no 2574.

tre eux qui survivra une position qui ne soit pas trop différente de celle qu'il a eue pendant la durée du mariage et qui soit indépendante des enfants. C'était donc d'après l'état de la fortune du disposant qu'on devait fixer la mesure des libéralités qu'il pourrait faire à son conjoint. Le nombre des enfants ne devait pas être pris en considération. D'un autre côté, les libéralités excessives sont plus à craindre entre époux qu'entre étrangers; il était prudent de ne permettre que dans une certaine mesure les dispositions à titre gratuit de l'un des époux envers l'autre.

C'est là ce que le législateur devait faire, et c'est ce qu'il a fait. Les dispositions que la raison et l'expérience lui conseillaient, il les a formellement écrites dans les textes. Il a réglé tout ce qui concerne les donations entre époux dans un chapitre spécial : deux articles de ce chapitre déterminent les limites de ces libéralités; tous les cas y sont prévus. Ces articles présentent un système complet et indépendant des règles des art. 913 et suivants. L'art. 1094 indique ce que les époux peuvent se donner l'un à l'autre. Tout ce qui dépasse la quotité fixée par cet article est la réserve. En vain on prétend qu'il contient une disposition permissive et non prohibitive. Cet argument est-il sérieux? On s'appuie sur l'expression *pourra donner*, et la question est précisément d'en déterminer le sens. Si l'art. 1094 n'a pas été rédigé dans une forme négative, cela s'explique historiquement. Le projet de la commission de l'an VIII fixait le disponible ordinaire au quart du patrimoine, et, comme il permettait d'ajouter un autre quart en usufruit en faveur d'un époux, la disposition, qui est aujourd'hui

l'art. 1094, ne pouvait avoir une forme prohibitive.
Plus tard, la quotité disponible ordinaire, de fixe et
invariable qu'elle était dans le projet, fut graduée sur
le nombre des enfants. La quotité spéciale entre époux
ne reçut aucun changement.

Il paraîtrait que de ces seuls faits on devrait conclure que l'intention des rédacteurs a été de ne pas
augmenter le disponible entre époux. Ils ne faisaient
en effet aucun changement à l'article du projet qui le
concernait, alors qu'ils augmentaient le disponible ordinaire. On en a tiré cependant une conclusion toute
contraire; on a fait ce raisonnement : le législateur
donnait à la quotité disponible entre époux une plus
grande étendue qu'au disponible ordinaire, alors que
ce disponible n'était que du quart des biens; donc il a
voulu que le disponible entre époux fût au moins
égal à l'autre, lorsque celui-ci peut s'élever jusqu'à la
moitié du patrimoine. Si la raison montre combien
cette conclusion est vicieuse au point de vue de la lo-
gique, la lecture des travaux préparatoires fait voir
combien elle est inexacte comme interprétation de la
volonté des législateurs.

Cette volonté est clairement indiquée par M. Bigot-
Préameneu, exposant au corps législatif les motifs de
la loi sur les donations : « Si l'époux laisse des enfants,
ses donations ne pourront comprendre que le quart...
Il ne pourra être autorisé à laisser à l'autre époux
qu'une partie de sa fortune, et cette quotité est fixée
à un quart, etc. (1). » On retrouve le même langage
dans la bouche du tribun Jaubert (2). Et ce qu'il y a

(1-2) Fenet, t. xii, p. 572, 621.

de remarquable, c'est que le Tribunat, comprenant le projet en ce sens que le disponible entre époux était invariable, avait demandé que l'époux pût recevoir autant qu'un étranger. Et c'était le même M. Bigot-Préameneu qui avait fait le rapport sur les observations du Tribunat.

Il est donc constant que le Code a fixé à une quotité invariable (indépendante du nombre des enfants) la portion disponible entre époux, et par suite la réserve. Elle se compose pour partie de la nue propriété du quart ou de la moitié du patrimoine. Cette portion de nue propriété était frappée d'indisponibilité entre les mains de l'époux décédé. L'époux donataire de l'usufruit ne doit pouvoir y porter atteinte d'aucune manière : il faut que les enfants puissent assurer la conservation de leur nue propriété ; la loi leur en offre le moyen ; l'art. 601 du C. N. les autorise à demander une caution, et le donateur n'aurait pu dispenser son conjoint de la fournir. Le donataire invoquerait vainement l'art. 601, portant que l'usufruitier peut être dispensé de donner caution par l'acte constitutif de l'usufruit. Pour avoir le droit de remettre cette obligation, il faut avoir la libre disposition des biens sur lesquels on constitue l'usufruit ; il faut que le titre du propriétaire vienne de celui qui veut établir la dispense. Mais quand c'est dans la loi elle-même que le nu-propriétaire trouve son titre, comment une autre personne pourrait-elle compromettre son droit ? Si l'époux a pu donner l'usufruit de la moitié de son patrimoine, il n'a pu disposer que du quart en toute propriété ; le reste est frappé d'indisponibilité entre ses mains. Il ne peut compromettre indirectement par une dispense de caution les droits des enfants sur la portion de biens qu'il ne pouvait diminuer par une libéralité directe. Telle est la solution que demandent les principes sur le droit de propriété et la réserve. On oppose à cette solution des considérations appartenant à l'ordre moral, tirées du respect et de la confiance dus aux père et mère; elles sont graves certainement, et peuvent faire hésiter d'abord ; mais, pour le jurisconsulte et le magistrat, les considérations morales, si puissantes qu'elles soient, peuvent-elles jamais l'emporter sur les principes du droit?

§ III.

Le disposant laisse des enfants d'un précédent mariage.

Les motifs qui ont déterminé le législateur à augmenter dans certains cas, en faveur des époux et aux dépens de leurs enfants communs, la quotité disponible ordinaire, ne peuvent plus être invoqués lorsque c'est à un nouveau conjoint et au préjudice des enfants d'un précédent mariage que l'époux veut faire des libéralités. Le donataire est un étranger pour les enfants du donateur ; les biens qui passent du patrimoine de l'un dans le patrimoine de l'autre sont irrévocablement perdus pour eux. Les enfants communs, au contraire, ont l'espoir de recueillir dans la succession du donataire les biens que celui-ci a reçus de son conjoint. Le mariage ne mérite plus ici la même faveur; des libéralités exagérées en sont souvent, sinon une

condition, du moins un motif déterminant. Dans l'entraînement que subit le père ou la mère qui contracte
une nouvelle union, les enfants d'un précédent mariage
sont souvent oubliés : ils ont besoin d'être plus énergiquement protégés contre des libéralités excessives.

Tous les législateurs ont reconnu la nécessité d'é-
tablir des règles spéciales sur ce point. Il est vrai qu'à
une certaine époque, chez les Romains, on a cherché à
favoriser les seconds mariages; mais c'était par de puis-
sants motifs d'ordre public. Il fallait combler les vides
qu'avaient faits dans la population les proscriptions et
les guerres civiles, et favoriser les citoyens qui contri-
buaient à atteindre ce but d'intérêt général, en con-
tractant mariage, au lieu de rester dans l'état de célibat
ou de veuvage. Plus tard, sous l'influence du christia-
nisme, qui apportait des idées toutes différentes, les
empereurs vinrent au secours des enfants d'un premier
lit. D'abord on affecta avec hypothèque aux enfants du
premier mariage les avantages que leur mère ou leur
père avait reçus de son premier époux (1); puis on
défendit à l'homme et à la femme ayant des enfants
d'un premier lit de donner à son nouvel époux au delà
d'une part d'enfant le moins prenant (2).

Suivies d'abord dans les pays de droit écrit, les dispositions du droit romain furent généralisées par l'édit
de 1560, dû au chancelier de l'Hôpital, et connu sous le
nom d'*édit des secondes noces*. Elles furent adoptées
expressément par certaines coutumes (3). L'édit ne par-

(1) L. 3, *feminœ*; l. 5, C. *de secundis nuptiis*.
(2) L. 6, *hac edictali*, C. *h. t.*
(3) Paris, art. 279; Orléans, art. 253.

lait que des femmes veuves ; cela tenait aux circonstances qui l'avaient fait rendre (1); il avait été étendu
aux hommes par les arrêts des parlements, conformément à la constitution des empereurs.

Le projet de la section de législation du Conseil d'Etat
reproduisait les deux chefs de l'édit, en ne permettant
toutefois de donner que l'usufruit d'une part d'enfant.
Mais on fit remarquer que la seconde disposition avait
pour résultat de frapper les biens d'immobilité et d'é-
tablir une grande inégalité entre des enfants qui sont
frères ; elle fut supprimée. L'autre reçut une double
modification ; on permit à l'époux de donner une part
d'enfant en toute propriété; mais, pour que la libéralité
ne fût pas trop considérable en présence d'un ou de
deux enfants, on décida qu'elle ne pourrait pas dépasser le quart des biens (1098 C. N). Le disponible
est donc ici au plus égal au disponible ordinaire le plus
faible ; il peut même descendre beaucoup au-dessous,
s'il y a un grand nombre d'enfants. La réserve, qui
n'est jamais inférieure aux trois quarts des biens, alors
même qu'il n'y a qu'un seul enfant, comprendrait, si
les enfants étaient nombreux, le patrimoine presque
tout entier.

Le but de la loi est de protéger les enfants d'un premier mariage contre les conséquences fâcheuses d'une
nouvelle union de leurs père et mère. Il en résulte qu'il
n'y a aucune différence entre le cas d'un second mariage
seul et celui de plusieurs convols successifs. Il serait
singulier que la protection de la loi fût moins grande

(1) *Diction. de l'Encycl.*, vº *Edit des secondes noces.*

précisément alors que les enfants en ont le plus besoin.
L'intérêt de ces enfants demande que ces dispositions
soient appliquées de la même manière dans les deux
cas. La quotité disponible doit rester la même. C'est
ainsi qu'on interprétait les lois romaines et l'édit de
1560. Les travaux préparatoires ne révèlent point chez
les rédacteurs du Code l'intention de changer l'ancien
droit ; tout montre, au contraire, qu'ils ont voulu en
conserver les dispositions ; et si l'on doit rechercher
l'intention du législateur plutôt que s'arrêter à des mots
qui expriment plus ou moins exactement sa pensée,
on trouvera dans la modification qu'a subie l'art. 1098
un nouveau motif de décider dans le même sens qu'on
le faisait sous l'ancien droit.

Une autre conséquence du principe qui a fait établir
l'art. 1098, c'est qu'il ne peut s'appliquer qu'autant
qu'il existe des enfants d'un premier mariage. Il s'agit
pour eux d'un droit de réserve, droit qui ne peut s'ou-
vrir qu'au décès de l'époux donateur. C'est donc ce
moment du décès, et non le jour du convol, qu'il faut
considérer pour savoir s'il y a lieu à appliquer l'article 1098. Un ou plusieurs enfants d'un premier mariage de l'époux ont-ils survécu à cet époux, on applique
les dispositions spéciales de cet article.

Il n'y a pas à distinguer entre les enfants légitimés et
les enfants légitimes (art. 333 C. N.), entre les enfants
et les petits-enfants. L'édit de 1560 s'expliquait formellement sur ce dernier point. Du reste, ces petits-enfants ne doivent être comptés que pour l'enfant à la
place duquel ils sont appelés à la succession, soit de
leur chef, soit par représentation. Le cas de vocation

directe faisait difficulté dans l'ancien droit. Ricard et
Pothier voulaient que l'on comptât tous les petits-enfants (1). Cette opinion n'est plus admissible en présence de l'art. 914, dont il est juste d'appliquer ici la
disposition. Mais le texte et l'esprit de l'art. 1098 s'opposent à ce que l'on assimile aux enfants d'un précédent mariage les enfants adoptifs. Le but de la loi est
de favoriser la famille naturelle ; le texte ne parle que
d'*enfants d'un autre lit.*

Lorsque, à raison de l'état de la famille au décès du
donateur, l'art. 1098 est reconnu applicable, il faut déterminer le montant de la portion disponible à l'égard
du second époux. La loi la fixe à la part de l'enfant le
moins prenant, sans qu'elle puisse dépasser le quart des
biens. On compte tous les enfants existants au décès,
sans distinguer entre ceux qui sont issus du mariage
du donateur avec l'époux donataire et ceux nés de
précédents mariages. Si l'époux n'a fait aucune libéralité à ses enfants, il n'y a pas de difficulté ; son conjoint vient prendre dans la succession *ab intestat* un
quart, un cinquième, etc., selon qu'il y a trois enfants
ou moins, quatre, etc.

Mais si l'époux donateur a fait des libéralités préciputaires à l'un ou plusieurs de ses enfants, de sorte
qu'ils n'aient pas chacun une portion égale de ses biens,
quelle sera la part du conjoint donataire? La loi dit
qu'il ne peut recevoir qu'une part d'enfant le moins
prenant. Pour la fixer, il faut donc prélever les préci-
puts des enfants ; le reste se partage entre les enfants

(1) Ricard, *Donat.*, 3e p., no 1271; Pothier, *Contr. de mar.*, no 565.

et le conjoint considéré comme un enfant de plus. Tel est le sens des mots *le moins prenant* qui se trouvaient également dans l'édit. En écrivant cette disposition, le législateur a eu pour but d'empêcher les époux d'étendre les limites de la portion disponible en se donnant autant qu'à un de leurs enfants qu'ils auraient avantagé à dessein. Mais si la libéralité préciputaire était faite après la donation d'une part d'enfant? — Ce serait une question de fait ; on rechercherait quelle a été l'intention de l'époux donateur. En l'absence de circonstances qui puissent révéler cette intention, il paraît plus conforme aux principes de décider que la part d'enfant doit être calculée sur les libéralités préciputaires.

Par l'effet des avantages préciputaires, la portion disponible peut se trouver égale à la fraction de réserve qui revient à un enfant, mais elle ne peut lui être inférieure. Il y a eu autrefois des difficultés sur ce point (1). Devait-on prendre pour base de la portion disponible la part de l'enfant qui, en fait, avait le moins dans la succession, ou bien fallait-il lui donner une étendue au moins égale à la fraction de réserve qui revenait à l'un des enfants? Décidée d'abord dans le premier sens, la question avait fini par recevoir une solution opposée, qui doit être donnée encore aujourd'hui, parce qu'elle est seule conforme aux principes du droit et à l'équité. L'époux donataire tire son droit de la volonté

---

(1) Ferrières sur art. 279, gl. i, n° 14; Brodeau sur Louet, lettre N, som. 3, n° 22.

du donateur et de la loi ; il ne peut être permis aux enfants de modifier l'étendue de ce droit soit par une renonciation expresse, soit par une renonciation tacite, en s'abstenant de demander le supplément de leur réserve aux donataires ou le rapport des avancements d'hoirie faits à leurs frères.

Mais il est évident que c'est seulement au cas où des libéralités ont été faites à l'un des enfants et qu'il y a inégalité entre eux dans le partage de la succession de leur père ou de leur mère, que l'époux donataire n'a droit qu'à une part d'enfant le moins prenant. Dans les autres cas, la limite du disponible, c'est l'étendue de la part héréditaire, de la portion virile dans la succession *ab intestat*, pourvu, bien entendu, qu'elle ne dépasse pas le quart. Il n'y a pas à distinguer entre les différents modes de disposition employés par l'époux ; qu'il ait donné expressément à son conjoint une part d'enfant le moins prenant, ou d'une manière générale une part d'enfant, une valeur déterminée, ou bien qu'il ait fait une disposition universelle, ce sera toujours d'après les mêmes règles qu'on déterminera la portion disponible.

Cependant des jurisconsultes pensent qu'au cas où le don fait au second conjoint est d'une valeur déterminée, on doit d'abord attribuer aux enfants leur réserve calculée comme si l'époux donataire était un étranger, et prendre sur le disponible le don de l'époux dans les limites de la fraction de réserve revenant à chaque enfant ; de sorte que la différence entre la portion attribuée à l'époux et le disponible ordinaire est donnée aux enfants. Il est vrai que ce mode de procéder était admis dans l'ancien droit par Ricard et Pothier (1); mais cette opinion, rejetée par d'autres jurisconsultes (2), est évidemment contraire au texte et à l'esprit de l'art. 1098, qui permet à l'époux de donner une part d'enfant. Il faut donc compter l'époux comme un enfant de plus dans le partage de la succession. Or, en procédant comme le faisaient Pothier et Ricard, l'époux donataire n'a pas tout ce que la loi lui permet de recevoir, puisqu'il prend moins que l'un des enfants qui ont des parts égales.

Sous les lois romaines et l'édit des secondes noces, on pouvait attacher à la réduction un caractère de peine qui justifie la décision de Pothier; mais, sous le Code Napoléon, une semblable idée est inadmissible; en réglant la faculté de disposer à l'égard d'un second époux et soumettant à la réduction les libéralités excessives, les rédacteurs n'ont point voulu infliger une peine au père ou à la mère qui contracte une nouvelle union et qui, oubliant son propre sang, dispose de tout son patrimoine en faveur de son conjoint. La loi accorde au père la faculté de disposer dans certaines limites; à moins d'être une lettre morte, elle doit avoir une sanction: c'est la réduction de la libéralité.

Le Code ne fixe point ici, comme il l'a fait pour le cas de l'art. 1094, une portion disponible spéciale en revenus. C'est se conformer à l'esprit de la loi que de faire application de l'art. 917 et d'accorder aux réservataires le droit d'option. C'est la décision que donnait

---

(1) Ricard, *Donat.*, 3e p., nos 1319 et 1320; Pothier, *Contr. de mar.*, n° 594.

(2) Renusson, *Commun.*, part. 4, ch. 3, no 67.

Valin sur l'art. 37 de la coutume de la Rochelle, et il y
a avantage à la suivre encore aujourd'hui. Il faut reconnaître toutefois que la loi est muette sur ce point.
En l'absex. ᵕ de texte, on soutient que la libéralité de
revenus doit être estimée et convertie en une valeur de
toute propriété. On prétend même qu'elle ne peut pas
excéder un quart en revenus, par ce prétexte que l'é-
poux n'a voulu donner que de l'usufruit, qu'on ne peut
transformer son don en toute propriété. La disposition
de l'art. 917 ôte toute valeur à ce raisonnement.

SECTION III.

LA QUOTITÉ DISPONIBLE A ÉTÉ DONNÉE PAR LE DÉFUNT A SON CONJOINT ET A D'AUTRES PERSONNES.

La loi ne contient point de dispositions spéciales pour
le cas où des libéralités ont été faites en même temps
à l'époux et à·des enfants ou étrangers. C'est par l'interprétation et la combinaison des textes sur le disponible ordinaire et le disponible spécial entre époux,
qu'on peut déterminer la réserve en présence d'époux
et d'étrangers donataires ou légataires.

Un premier principe incontestable, c'est que ce concours de donataires ne peut faire descendre la réserve
au-dessous du chiffre le moins élevé qu'elle atteindrait
si la portion disponible avait été donnée tout entière
ou à cet époux seul ou à d'autres que cet époux, enfants ou étrangers. Les deux disponibles ne peuvent
être cumulés. Il est vrai que ce cumul était admis par
le droit intermédiaire. Telle était la disposition de l'article 16 de la loi de nivôse an II, expliqué par le décret

de la Convention du 22 ventôse an II, et qui fut reproduite dans la loi de germinal. Mais ce cumul n'est plus possible sous le Code Napoléon ; la manière dont le Code fixe le disponible à l'égard des époux en présence d'ascendants révèle la pensée du législateur ; et les résultats absurdes auxquels on arriverait condamneraient seuls le système du cumul.

Une autre règle tout aussi certaine que la première, c'est que chacun des bénéficiaires de la portion disponible ne peut recevoir au delà de la quotité fixée par la loi à son égard. Les libéralités faites aux époux ne doivent donc pas dépasser les limites des art. 1094 et 1098; celles qui sont faites aux enfants ou à des étrangers, les limites des art. 913 et 915.

Une troisième règle consiste à déterminer chaque disponible de manière que le bénéficiaire de ce disponible ne profite pas de l'autre, même indirectement; elle n'est que la conséquence de la précédente, et il semble qu'à ce titre elle devrait être admise sans difficulté. La jurisprudence de la Cour de cassation est constante en ce sens ; mais cette règle est l'objet d'une vive contro verse entre les auteurs, soit dans son principe même, soit dans quelques-unes de ses applications.

Après avoir posé ces principes, il faut en faire l'application. Le défunt a-t-il épuisé d'abord en faveur de la personne qui pouvait le recevoir le plus fort disponible ou le plus faible, il n'y a pas de difficulté : dans le premier cas, le défunt a donné tout ce qu'il pouvait donner; ses libéralités postérieures ne valent pas, car la donation qui suit immédiatement celle qui épuise le disponible entamerait la réserve; dans le second cas, celui qui n'a droit qu'au disponible le plus faible, le prendra; l'autre donataire aura la différence entre ce disponible et celui que la loi a fixé à son égard.

Mais ici commencent les difficultés. D'abord le défunt a pu faire une libéralité excessive à celui qui n'avait droit qu'au plus faible disponible, l'époux, par exemple, puis donner ensuite à celui en faveur duquel le disponible est le plus élevé. Le second donataire pourra-t-il demander la différence des deux disponibles? Sa prétention paraît au premier abord contraire à l'art. 921, qui refuse l'action en réduction aux donataires et légataires; mais on répond que demander la réduction et en profiter dans le sens de l'art. 921, c'est profiter de la réserve, ce que la loi a voulu empêcher. Mais ici le second donataire ne demande rien de la réserve, qui restera intacte; il réclame l'exécution de la volonté du défunt dans les limites fixées par la loi à son égard. L'héritier n'est pas fondé à s'opposer à cette action; sa réserve n'est pas entamée. Le premier donataire ne l'est pas plus, puisqu'il a tout ce que la loi l'autorise à conserver. On ne doit pas permettre que des personnes dont les droits ont reçu une entière satisfaction puissent s'opposer à l'exécution de la volonté du défunt, légalement manifestée. Il faut donner une sanction à cette volonté; cette sanction, c'est l'action du second donataire. Les raisons de décider sont les mêmes, quelle que soit la qualité du donataire, enfant, étranger ou époux avantagé en vertu de l'article 1094 ou de l'art. 1098; la solution doit être la même : l'excès de sa libéralité profite à l'autre donataire.

Une difficulté plus grave se présente dans le cas où l'époux a d'abord donné à son conjoint une partie du disponible spécial qui est le plus élevé, et qu'il fait ensuite une libéralité à un étranger. Suffira-t-il, pour que cette seconde libéralité soit valable, que le disponible spécial à chacun des donataires n'ait pas été dépassé, et que la réunion des deux libéralités soit au plus égale en valeur au plus fort disponible? Ainsi, le père de trois enfants, qui a donné à son épouse un quart en toute propriété ou bien la moitié en usufruit de son patrimoine, peut-il encore disposer de quelque chose en faveur d'un étranger?

Dans l'opinion qui autorise l'étranger à demander un quart d'usufruit ou un quart de nue propriété (1), on dit que la première disposition doit être considérée comme faite en vertu de l'art. 1094; que le disponible ordinaire reste libre; que l'ordre des libéralités importe peu. Cette dernière observation trouve une réponse dans la loi elle-même, qui fixe souvent les droits d'après les dates, et qui précisément a fait application de ce principe pour distinguer les donations qui ont été renfermées dans les limites du disponible de celles qui ont entamé la réserve (art. 923). Mais on doit refuser tout effet à la seconde libéralité, par cette raison décisive que l'étranger ne doit pas profiter, même indirectement, de l'art. 1094, qui établit un privilége en faveur de l'époux en augmentant à son profit le disponible ordinaire. Accorder quelque chose à l'étranger, c'est le faire bénéficier de la disposition de cet ar-

(1) Zachariæ, t. 5, p. 209 ; Toullier, t. 5, n° 871 bis.

ticle; car la moitié d'usufruit, valant un quart de propriété (en évaluant en principe l'usufruit à la moitié de
la toute propriété, sauf appréciation des circonstances),
comprendrait toute la portion disponible, qui se trouverait ainsi épuisée, d'après l'art. 913. L'étranger ne
pourrait rien recevoir; pour prétendre à quelque chose,
il lui faut donc invoquer l'art. 1094, et imputer sur le
disponible spécial que cet article établit la première donation. Mais il est contre l'ordre naturel des choses de
donner le supplément du disponible avant le disponible
lui-même. On doit user des faveurs que la loi accorde de
la manière dont elle a voulu qu'on en usât; en faisant
autrement, on peut blesser les droits des réservataires:
c'est ce que pourrait faire le donateur en constituant
sur la tête de l'un de ses enfants, par exemple, l'usufruit, que la loi ne lui permettait de faire reposer que
sur la tête de son épouse, leur mère, qui a une génération de plus qu'eux.

Tout cela a rapport à des libéralités successives. Mais
si elles ont été faites dans le même acte de donation,
ou qu'elles résultent de testaments (soit d'un seul, soit
de plusieurs, même de dates différentes), comment
réglera-t-on le concours des donataires ou légataires?
— Après avoir déterminé les deux disponibles, on at-
tribuera la différence au donataire qui a droit au disponible le plus élevé: c'est en sa faveur qu'il a été
établi; lui seul doit en profiter; l'autre donataire n'y
peut rien prétendre. Il est injuste d'admettre, comme
le font des auteurs (1), à concourir dans la même proportion des personnes qui ont des droits inégaux.

(1) Toullier, t. 5, n° 872 ; Coin-Delile sur art. 1094, n° 18.

Sur le reste, les deux donataires concourront, car ce reste est commun aux deux disponibles; mais dans quelle proportion? — Celui qui a déjà touché la différence des deux disponibles pourra-t-il venir pour le montant de sa donation, ou devra-t-il déduire ce qu'il a déjà reçu? — On pourrait dire, en faveur du donataire, que la différence des deux disponibles lui a été accordée par l'effet d'un privilége personnel; que ce bénéfice doit rester étranger à l'autre donataire. Ce système a été soutenu (1). Mais il ne paraît pas conforme à l'équité d'admettre le donataire à concourir pour le montant de sa libéralité lorsqu'il en a reçu une partie, de se présenter ainsi deux fois dans des masses différentes pour la même somme (2).

Du montant de la réserve si le disposant est mineur. — L'indisponibilité des biens et l'incapacité du disposant ou du donataire appartiennent à deux ordres d'idées complétement différents : l'une concerne l'état des personnes, l'autre est un statut réel; elle fait partie du droit sur les successions; elle en est un des points les plus importants : ce sont deux idées qui s'excluent. La division du patrimoine en réserve et disponible et toutes les règles qui l'organisent supposent évidemment chez le propriétaire la capacité de disposer des biens auxquels ces règles seraient applicables à raison de l'état de la famille à son décès.

Ce n'est donc qu'après avoir appliqué les principes qui concernent la capacité des personnes en matière

(1) Delvincourt, t. 2, p. 223.
(2) Marcadé sur art. 1100.

de disposition à titre gratuit, qu'on procède à l'application des règles sur la réserve et la quotité disponible. Cela est sans difficulté lorsqu'il s'agit d'une incapacité complète; mais lorsque le disposant est un mineur frappé d'une demi-incapacité, la fixation du disponible n'est pas toujours aussi simple.

Il ne s'agit donc ici que du mineur parvenu à l'âge de seize ans, et qui a disposé par testament. En l'absence de l'une de ces deux conditions, le mineur est complétement incapable, sauf toutefois un seul cas où il jouit de la même capacité qu'un majeur (art. 1095 C. N.).

Le mineur âgé de 16 ans peut disposer par testament de la moitié des biens dont la loi permet au majeur de disposer (art. 904 C. N.). C'est ici qu'il importe de distinguer l'indisponibilité de l'incapacité : celle-ci est établie en faveur des héritiers du mineur, qu'ils soient réservataires ou qu'ils ne le soient pas ; celle-là, en faveur des seuls réservataires. La loi prend pour base de la capacité du mineur la quotité disponible ; mais ce n'est là qu'un terme de comparaison ; il faut d'abord fixer la portion de biens dont le mineur a eu la capacité de disposer ; elle est fixée par la loi à la moitié de la quotité disponible.

La portion que le mineur n'a pu donner reste dans sa succession ; elle doit être partagée conformément aux lois sur les successions. S'il y a des réservataires, on applique les règles qui les concernent. Le mineur laisse-t-il un, deux, trois enfants, il n'a pu donner que le quart, le sixième ou le huitième de ses biens ; laisse-t-il des ascendants dans les deux lignes, la quotité dis-

ponible est de la moitié ; le mineur n'a pu donner que
le quart; ne laisse-t-il que des collatéraux, la quotité
disponible comprend tout le patrimoine; le mineur n'a
pu donner que la moitié. Des ascendants réservataires
et des collatéraux viennent-ils en concours à sa succession, la quotité disponible est des trois quarts ; le mineur a pu disposer des trois huitièmes; le reste compose
sa succession, qui se partage conformément aux règles
ordinaires; et il y aura lieu à appliquer la dernière disposition de l'art. 915, si les ascendants ne trouvent
pas, dans leur part héréditaire, leur réserve du quart
des biens.

Que si les ascendants renonçaient, les collatéraux
recueilleraient cependant les trois quarts des biens,
plus qu'ils n'auraient reçu si les ascendants n'avaient
pas existé. Ce résultat, qui paraît bizarre, est la conséquence de ce principe que la capacité du mineur ne
peut changer par suite d'un événement postérieur à son
décès.

CHAPITRE III.

DU CALCUL DE LA RÉSERVE.

Après avoir déterminé la quotité de la réserve suivant les différents cas, il faut en rechercher la valeur.
Cette valeur, réunie à celle de la portion disponible, re-
présente l'ensemble du patrimoine. Il est nécessaire de
fixer le *quantum* de la portion disponible, que la loi a
seule indiquée ; et comme il est une fraction de la valeur totale du patrimoine, il faut commencer par la
déterminer.

Il est évident que c'est le patrimoine, tel qu'il se trouve au décès du disposant, qu'il faut considérer. C'est à ce moment que les héritiers appréhendent les biens dans l'étendue que leur avait donnée le propriétaire, profitant des augmentations dues à son industrie et à ses épargnes, supportant les pertes qu'il a subies dans l'exercice de son droit. Admettre les héritiers à critiquer les actes présentant un caractère onéreux, ce serait anéantir le droit du propriétaire, empêcher toute confiance dans les transactions les plus solennelles, et tenir la propriété dans un état de suspension et d'inquiétude non moins fatal que l'inertie (1).

On détermine la valeur du patrimoine en faisant une masse de tous les biens du défunt ; on y comprend non-seulement ceux qu'il laisse à ses héritiers, mais aussi ceux dont il a disposé à titre gratuit par testament ou par donation entre-vifs. Le but de cette opération est de fixer les limites que pouvaient atteindre les libéralités du défunt. Il faut donc, pour connaître ces limites et déterminer par suite la réserve, supposer qu'il n'a fait aucunes libéralités, considérer les biens donnés comme étant encore dans son patrimoine, et calculer quel serait, dans ce cas, le *quantum* de sa fortune.

Mais, il faut bien le remarquer, c'est un point capital en cette matière : la réunion des biens donnés entre-vifs est toute fictive ; la loi le dit elle-même expressément (art. 922). Cette opération n'a qu'un seul but : faire connaître la réserve et la quotité disponible. On doit bien se garder de la confondre avec le rapport et la ré-

(1) Fenet, xii, p. 342.

duction : le rapport consiste dans la remise réelle dans
la succession de biens donnés à un héritier qui vient à
partage ; la réduction, dans le retranchement, réel
aussi, des donations qui dépassent la quotité disponible. Mais il n'y a rien de semblable dans l'opération
préliminaire qui consiste à réunir aux biens existants
dans la succession ceux dont il a été disposé par actes
entre-vifs. C'est là un simple calcul qui se fait sur le
papier, et qui ne touche en rien aux droits des divers
intéressés; il a pour but de les fixer. Ce résultat une
fois obtenu, la réserve déterminée, les héritiers réservataires seuls auront le droit de demander la réduction;
eux seuls aussi pourront exiger le rapport.

La réunion fictive, au contraire, peut être demandée
par tous ceux qui ont intérêt à faire fixer la réserve et
la quotité disponible, par les donataires et légataires
étrangers, ou par les enfants, donataires par préciput
ou en avancement d'hoirie, qui renoncent à la succession, aussi bien que par les réservataires.

Ces principes incontestables ont cependant souffert
quelques difficultés. Confondant la réunion prescrite
par l'art. 922 avec le rapport, la jurisprudence a longtemps refusé aux légataires le droit de demander, pour
le calcul de la quotité disponible, la réunion des biens
donnés en avancement d'hoirie par le testateur à ses
enfants. L'emploi d'un mot inexact, qu'on regrette de
trouver encore dans un des plus récents ouvrages où
la matière de la réserve ait été traitée, n'a peut-être
pas été sans influence sur cette solution si contraire à
l'art. 922, et qui n'est en même temps qu'une fausse
interprétation de l'art. 857.

Sur la masse des biens ainsi composée, on déduit les dettes du défunt. La réserve serait souvent réduite à rien, si elle était calculée sur la masse de l'hérédité. Les donataires ne sont pas tenus aux dettes ; la charge de les payer incomberait à l'héritier seul ; sa réserve pourrait se trouver absorbée. Mais, d'un autre côté, elles ne doivent être déduites que jusqu'à concurrence des biens existants. D'après l'art. 922, elles doivent l'être sur tous les biens existants et réunis. Ce mode d'opérer peut être suivi, lorsque le défunt a laissé un actif égal ou supérieur à son passif. Mais, lorsqu'il laisse plus de dettes que de biens dans sa succession, c'est sur ces biens seulement que doit être opérée la déduction des dettes. Les créanciers ne peuvent se faire payer sur ceux qui ont été donnés entre-vifs par leur débiteur ; relativement à eux, ces biens étaient sortis définitivement de son patrimoine, et ils ne peuvent les y faire rentrer qu'en arguant ses actes de fraude. Lorsque la valeur du patrimoine est ainsi déterminée, il reste à fixer, d'après le nombre et la qualité des héritiers réservataires, le *quantum* de la portion disponible.

Tel est le mode général de procéder au calcul de la réserve ; il comprend donc quatre opérations : 1° formation de la masse des biens existants ; 2° déduction des dettes ; 3° réunion fictive des biens donnés ; 4° fixation du *quantum* de la portion disponible.

1° *Formation de la masse des biens existants.* Cette masse se compose de tous les biens que le défunt laisse en mourant, ceux dont il a disposé par testament et ceux qu'il laisse à ses héritiers. Il faut compter toutes

les valeurs qui se trouvent dans sa succession , immeubles, meubles, créances de toutes sortes, pures et
simples , à terme , conditionnelles , ces dernières,
comme les créances douteuses, soit pour leur valeur
nominale provisoirement, soit pour leur valeur vénale,
soit pour celle qui est convenue entre les légataires et
les réservataires. Quant aux créances sur des insol-
vables, elles ne doivent pas être comptées , à moins
que le défunt n'ait légué au débiteur sa libération ; et
encore, dans ce cas, faudrait-il qu'il ne fût pas atteint
par la réduction ; car réunir la créance, ce serait faire
entrer dans la masse une valeur fictive, tandis que le
calcul ne doit porter que sur des valeurs réellement
existantes. On doit également comprendre les créances
du défunt contre l'héritier ; car la confusion est un
bénéfice que le débiteur recueille en qualité d'héritier.

Il y a cependant certains biens laissés par le défunt
qui ne doivent pas être comptés pour le calcul de la réserve : ce sont les biens qui lui ont été donnés par un
ascendant ; ils sont repris par l'ascendant donateur en
cette qualité et indépendamment de celle de successible appelé suivant les règles ordinaires des successions. Sans doute l'ascendant ne peut demander les
biens qu'il a donnés qu'en se portant héritier ; il recueille une véritable succession ; mais les biens qui la
composent forment une masse à part ; elle n'est point
soumise aux règles de la réserve et de la quotité disponible, puisque l'ascendant ne peut reprendre que les
biens qui sont en nature dans la succession du donataire, qu'il n'a aucun droit sur ceux dont il a disposé.
Et il en serait de même alors que l'ascendant vien-

drait à la succession ordinaire ; il aurait alors deux
qualités distinctes : comme ascendant, il prendrait les
biens par lui donnés ; comme héritier, sa réserve calculée sur les biens composant la succession ordinaire.
La circonstance qu'il est appelé à l'une comme donateur ne peut ni augmenter ni diminuer les droits qu'il
a dans la seconde comme ascendant le plus proche (1);
il se trouverait ainsi rempli de sa réserve par une
chose qui lui appartient en vertu d'un droit particulier. Pour les mêmes motifs, on ne devrait pas compter
non plus les biens donnés par le père adoptif et qui
sont repris par lui ou ses descendants dans la succession de l'adopté ; ces biens ne font pas partie de la succession ordinaire.

Tous les autres biens du défunt doivent être estimés d'après leur état et leur valeur au décès ; les
changements survenus postérieurement ne sont pas à
considérer : c'est à ce moment du décès que s'ouvre le
droit des héritiers et que doit être fixée la valeur de
leur réserve.

2° *Déduction des dettes.* Comme on estime tous les
biens, il faut de même déduire toutes les dettes. On
suit ici des règles analogues à celles qui viennent d'être
indiquées pour les créances conditionnelles, les successions anomales échues à l'ascendant ou au père
adoptif ; elles supportent une partie des dettes proportionnelle à leur actif, les créances de l'héritier contre
le défunt, sauf, pour les donataires, le droit d'attaquer
les reconnaissances frauduleuses faites par le défunt à

(1) Grenier, *Donat.*, ii, 598.

son héritier, dans le but de révoquer les donations et d'augmenter la réserve. Au nombre des dettes à déduire il faut ranger les frais funéraires, ceux d'inventaire, de scellés, etc.

3° *Réunion fictive des biens donnés.* Cette seconde masse doit comprendre toutes les choses données entrevifs par le défunt, meubles, immeubles, créances, en un mot tous les biens sortis du patrimoine du défunt par suite de dispositions à titre gratuit, quel que soit le caractère apparent dont les parties aient revêtu la libéralité, quelle que soit la qualité des donataires. Il faut donc faire entrer dans cette masse d'abord les biens donnés à des étrangers dans les formes solennelles prescrites par le Code, ceux qui ont été donnés de la main à la main. S'agit-il d'un don rémunératoire, il y a une question de fait à examiner : a-t-il le caractère de payement de services appréciables, la récompense et l'office rendu sont-ils à peu près égaux, ce n'est pas une libéralité, c'est l'acquittement d'une dette ; la chose livrée est irrévocablement sortie du patrimoine; dans le cas contraire, la valeur en sera réunie à celle des biens existants.

Le principe de la réunion fictive s'applique également à la constitution de dot, aux donations entre époux, simples ou mutuelles, écrites dans le contrat de mariage ou faites pendant le mariage. Tous ces actes constituent des dispositions à titre purement gratuit, au moins de la part du donateur. Considérer la donation mutuelle comme un contrat *do ut des*, en faire une spéculation, ce serait lui ôter son caractère d'honorabilité. Les donations par contrat de mariage sont aussi de

pures libéralités; le texte de l'art. 1094 ne permet
aucun doute; elles sont donc soumises à la réunion
fictive. Il y a eu autrefois quelque difficulté pour la
constitution de dot, qu'on a regardée comme un contrat
à titre onéreux (1); mais ce caractère, qu'elle ne peut
avoir à l'égard du donateur et de l'enfant doté, elle ne
l'a pas même à l'égard de l'autre époux, qui connaît,
en la recevant, le risque de la réduction. Si des créances ont été données, elles sont également réunies : les
bonnes pour leur valeur nominale; celles qui sont
conditionnelles peuvent être comprises pour une
somme; quant aux créances douteuses, l'héritier peut
refuser de les admettre, à moins que le donataire
n'offre une caution.

Ce ne sont pas seulement les biens donnés à des
étrangers qu'on réunit à la masse des biens existants,
mais aussi ceux qui ont été donnés aux enfants à titre
d'avancement d'hoirie, de préciput, ou dans un partage
fait conformément aux articles 1075 et suivants. La
disposition de l'article 922 est formelle; elle demande
la réunion de tous les biens qui ont été donnés entre-
vifs, sans établir aucune distinction entre les donataires,
et elle n'en pouvait pas faire. Il ne s'agit que d'un
simple calcul, et non pas d'un rapport à faire par les
héritiers réservataires aux donataires. Les enfants n'ont
aucune raison pour s'opposer à cette réunion; et s'ils y
sont vivement intéressés, la justice et le droit combat-
tent cette prétention qu'ils ne peuvent élever qu'en vio-
lant les dispositions expresses de la loi.

(1) Ricard, *Donat.*, p. 3, nos 1073 et suiv.

Les avancements d'hoirie, les dons préciputaires sont
donc soumis à la réunion fictive de la même manière
que les libéralités à des étrangers. Il en est de même
des biens compris dans un partage d'ascendant. Ce
point souffre difficulté ; plusieurs des arguments invoqués par le dernier auteur qui ait soutenu l'opinion
contraire reposent sur la confusion si regrettable qu'on
a faite entre la réunion fictive et le rapport ; mais le
texte de l'art. 1076 n'est pas moins contraire à cette
opinion que l'esprit de la loi, qui ne veut point qu'il y
ait dans une même succession deux quotités disponibles et deux réserves.

L'opération du calcul de la réserve doit, pour être
exacte, porter sur tous les biens du patrimoine. Il faut
donc réunir fictivement les choses données sous l'ap-
parence d'un contrat onéreux , comme les libéralités
directes. Il est certains actes qui, à raison des fraudes
qu'ils peuvent cacher et des intérêts qu'ils peuvent
compromettre, devaient attirer l'attention du législateur.

Les conventions matrimoniales sont en principe des
contrats à titre onéreux ; les avantages qui en résultent pour les époux ne sont pas soumis à la réunion
fictive. Il n'en est plus de même au cas où il existe des
enfants d'un premier lit : permettre à l'époux de faire
avec son conjoint toute espèce de conventions, c'eût été
leur permettre de porter atteinte à la réserve des enfants et d'échapper par un moyen détourné aux sages
prescriptions de l'art. 1098. En présence d'enfants d'un
premier lit, les avantages résultant des conventions
matrimoniales expresses ou tacites, c'est-à-dire qu'il y

ait ou non un contrat de mariage, sont considérés
comme des libéralités et doivent être réunis à la masse
des biens de l'époux donateur. Mais ceci ne s'applique
pas aux simples bénéfices résultant des travaux communs et des économies faites sur les revenus respectifs,
quoique inégaux, des deux époux (art. 1496 et 1527
Code Nap.).

La même présomption de libéralité devait frapper
une autre classe d'actes qui sont, de leur nature, des
contrats à titre onéreux, mais qui peuvent être un
moyen d'avantager certains héritiers au préjudice des
autres : ce sont les ventes faites à l'un des réservataires à fonds perdu ou avec réserve d'usufruit. Dans
l'ancien droit, ces contrats étaient soumis au droit commun ; on les validait ou on les annulait, selon qu'ils
étaient de bonne foi ou frauduleux. La loi de nivôse
an II, voulant maintenir la plus stricte égalité entre
tous les héritiers, annula toutes ventes à fonds perdu
faites à un successible en ligne directe. Laisser ces
actes sous l'empire du droit commun, c'était laisser une
cause de procès et de dissensions dans les familles ; les
annuler d'une manière absolue, c'était se placer souvent à côté de la vérité. Frappés de ces inconvénients,
les rédacteurs du Code Napoléon ont pris un terme
moyen.

Incertains sur le véritable caractère de ces actes, ils
veulent qu'on les considère comme des donations, mais
comme des donations préciputaires. Cette présomption
légale, entraînant la nullité de l'acte à titre onéreux
pour le transformer en contrat de donation, ne peut
être combattue par aucune preuve contraire, conformé-

ment au principe de l'art. 1352; il en résulte que l'héritier acquéreur ne pourrait élever aucune réclamation pour ce qu'il aurait réellement payé (1).

Cependant cette disposition de l'art. 918 est exorbitante du droit commun; on ne doit donc pas l'étendre. Il convient de déterminer exactement les conditions auxquelles est subordonnée son application; et d'abord, en ce qui concerne les contractants, il faut que la prétendue vente ait été faite à un successible en ligne directe, descendant ou ascendant, la loi ne distingue pas; l'aliénation consentie à un collatéral conserverait son caractère d'acte onéreux. Le législateur a pensé que la fraude était peu à craindre au profit d'un collatéral et aux dépens de l'héritier réservataire. Il faut de plus que l'acquéreur soit l'héritier du vendeur au jour du contrat; mais la présomption de libéralité ne frappe pas l'aliénation consentie aux père, mère, descendants ou époux du successible. On ne peut invoquer ici l'article 911, qui n'est relatif qu'aux donations. La question est précisément de savoir s'il y a une donation ; mais l'interposition de personnes pourrait être prouvée, et l'art. 918 serait alors applicable.

Voilà pour les contractants. Quant à la nature de l'acte, l'aliénation doit être faite à fonds perdu ou avec réserve d'usufruit: à fonds perdu, c'est-à-dire consentie en échange de simples revenus qui ne doivent durer que pendant la vie, en sorte que le bien qui sort du patrimoine n'y est pas remplacé par un capital, mais qu'il est perdu quant au fonds. L'aliénation à charge de

(1) Grenier, Donat., n° 843.

7

rente viagère n'est qu'une espèce d'aliénation à fonds
perdu ; mais c'est à tort qu'un auteur donne le même
caractère à la vente faite moyennant une rente perpé-
tuelle (1). La vente avec réserve d'usufruit est celle qui
ne porte que sur la nue propriété, peu importe que
celle-ci soit aliénée pour une somme fixe ou à fonds
perdu.

L'art. 918 s'appliquera sans distinction relativement
à l'objet vendu, immeuble, capital ou autre valeur
mobilière. Mais suffit-il que l'aliénation soit à fonds
perdu ou avec réserve d'usufruit, ou bien est-il nécessaire que l'usufruit ou la rente viagère profite au vendeur ? Le généralité des termes de l'art. 918 et l'esprit
de la loi paraissent bien demander qu'on ne fasse pas
de distinction. Telle n'est pas cependant l'opinion générale, qui s'appuie sur les textes et sur la différence
de situation faite au successible acquéreur (2).

Du reste, la disposition de l'art. 918 est établie en
faveur des héritiers réservataires seuls. Ceux qui con-
sentent à l'aliénation reconnaissent qu'elle est sérieuse;
ils ne seraient donc pas admis à invoquer l'art. 918 ;
mais ils pourraient attaquer l'acte par les moyens ordinaires. Les autres successibles qui n'ont pas consenti à
l'aliénation et ceux qui n'existaient pas encore au moment
du contrat (3) ne seraient pas liés par cette intervention;
pour eux, l'aliénation conserverait le caractère de
libéralité que lui donne l'art. 918; la valeur du bien
devrait être réunie à la masse des biens existants.

(1) Duranton, vii, n° 334.
(2) Coin-Delile sur art. 918, n° 5.
(3) Vazeille sur art. 918, n° 3.

Après avoir formé une masse de tous les biens donnés entre-vifs, il faut les estimer. Pour obtenir la valeur exacte du patrimoine, on considère les biens comme s'ils n'en étaient jamais sortis, comme si le défunt en était resté propriétaire jusqu'au moment de son décès On doit donc faire abstraction des améliorations ou détériorations provenant du fait des donataires, et tenir compte au contraire des diminutions ou augmentations résultant de la nature même des choses ou dues à un cas fortuit. La raison, en l'absence d'un texte de loi, eût indiqué la marche à suivre : il faut donner au patrimoine la valeur qu'il' aurait eue si les dispositions gratuites n'avaient pas eu lieu. Tel est le sens de l'article 922, portant que les biens donnés sont réunis d'après leur état à l'époque des donations et leur valeur au temps du décès du donateur.

Faisant une application rigoureuse de la lettre de cet article, des jurisconsultes (1) en ont conclu que, si l'un des donataires était insolvable, il faudrait cependant réunir fictivement les biens qui ont fait l'objet de la donation ; la loi veut, disent-ils, que la réunion ait lieu d'après l'état des biens au moment de la disposition. Ce mode de procéder devra être suivi lorsque le donataire n'aura reçu que des biens disponibles. Peu importe, en effet, qu'il soit ou non solvable, puisqu'il était libre de conserver ces biens ou de les dissiper ; mais, lorsque la donation entamera la réserve, la réunion fictive ne devra pas avoir lieu. L'art. 922 prévoit le cas ordinaire de simple amélioration ou détériora-

(1) Mourlon, t. 2, p. 269.

tion, mais non celui d'une perte totale; il doit céder
ici devant le principe sacré de la réserve.

Vainement on prétendrait que le donataire postérieur
à celui qui est insolvable n'a reçu que des biens disponibles, qu'il doit les conserver; c'est décider la question par la question. Il s'agit précisément de savoir s'il
a reçu des biens disponibles, et la valeur de ceux-ci
sera plus ou moins considérable, suivant qu'on réunira
ou non la donation faite à l'insolvable; or, elle ne doit
pas être réunie, parce que dans la composition du patrimoine il ne faut faire entrer que des valeurs réelles;
autrement on ne peut attribuer au donataire des valeurs réelles.

D'ailleurs l'héritier pourrait, de son côté, dire au donataire: le patrimoine est de tant; ma réserve, qui est
de moitié, par exemple, s'élève à telle somme, que je
dois trouver dans les biens existants ou dans les biens
donnés. Dans ce système (1), l'insolvabilité du donataire serait toute à la charge de celui qui le précède;
mais ce donataire n'est pas plus en faute que l'héritier;
ils sont tous deux étrangers à cette insolvabilité. Il
faut donc considérer les biens comme dissipés par le
père de famille, et ne pas les faire entrer dans la masse
des biens donnés (2). La perte sera ainsi supportée
proportionnellement par le donataire précédent et l'héritier. Il ne s'agit, bien entendu, que du cas d'insolvabilité antérieure au décès, puisque c'est d'après la
valeur du patrimoine au moment du décès que sont

---

(1) Lebrun, *Succ.*, 2, 3, 8, 25; Grenier, *Donat.*, n° 632.
(2) Pothier, *Donat.*, sect. 3, art. 5, § 5.

établis les chiffres de la portion disponible et de la réserve.

La règle de l'art. 922 s'applique aux meubles et aux immeubles, à l'exception des meubles qui se consomment par le premier usage et que le défunt aurait nécessairement aliénés à l'époque où il les a donnés; ces meubles devraient être estimés d'après leur état et leur valeur au moment de la donation (1).

La loi n'a point reproduit ici la distinction entre les meubles et les immeubles établie en matière de rapport. Cette différence, qu'on a trouvée illogique et bizarre, doit être admise cependant; elle n'est point un effet de l'inattention du législateur (2); elle est d'ailleurs aussi sage que rationnelle. Le but du rapport, c'est l'égalité entre les héritiers; il faut considérer tout ce que chacun d'eux a reçu du défunt. Le but du calcul de la réserve, c'est la fixation de la réserve des enfants, laquelle est une quote-part du patrimoine; il faut donc considérer l'état du patrimoine au décès, la valeur réelle qu'il aurait s'il n'y avait pas eu de donation. Il en résulte que, si une donation de meubles a été faite à un héritier soumis au rapport, une double estimation est nécessaire, et que le donataire soumis à réduction est plus favorisé que celui qui doit le rapport. Cela tient à la nature différente des deux institutions. Après avoir déterminé le montant de la réserve et de la portion disponible d'après ces bases, on n'en peut prendre de différentes pour opérer la réduction, qui n'est que la sanction des règles sur la réserve.

(1) Marcadé sur art. 922, iv.
(2) Fenet, xii, 349; M. Boileux sur art. 922.

4° *Fixation de la valeur de la portion disponible.* La formation de la masse des biens existants au décès, la déduction des dettes, la réunion fictive des biens donnés, ne sont que des opérations préliminaires, lesquelles ont pour but de faire connaître la valeur que le défunt a pu donner, et la valeur de la réserve. Pour arriver à ce résultat, il faut déterminer, d'après le tarif indiqué dans le chapitre précédent, quel est le chiffre de la portion disponible, et voir, en le comparant à la somme des biens donnés ou légués, s'il a été dépassé par le défunt. Une dernière opération est donc nécessaire : c'est la composition de la portion disponible, la réunion des libéralités qui doivent s'imputer sur le disponible.

Il faut d'abord comprendre tous les biens donnés ou légués à des étrangers, c'est-à-dire à d'autres que les réservataires. Quant aux libéralités faites aux réservataires, une double distinction est nécessaire : la donation ou le legs est-il fait par préciput ou en avancement d'hoirie, et s'il est fait en avancement d'hoirie, l'enfant donataire accepte-t-il ou répudie-t-il la succession du donateur? Si c'est une libéralité préciputaire qu'a reçue l'héritier, elle compte pour la formation de la masse disponible (art. 919). L'intention du disposant a été que l'héritier eût les biens compris dans la donation en dehors de sa part héréditaire; il faut donc l'imputer sur la quotité disponible. Mais comme l'égalité entre les héritiers est le principe des successions, ce ne sera qu'autant que la volonté du donateur sera clairement manifestée que l'on devra s'écarter de cette égalité dans le partage. La loi n'exige pas l'emploi d'expressions sacramentelles, mais elle demande que la dispense de rapport résulte des termes mêmes de l'acte qui contient la disposition ou d'actes postérieurs faits dans les formes des dispositions entre-vifs ou testamentaires (919, 2ᵉ al.).

Les difficultés qui peuvent s'élever sur le véritable caractère des libéralités, la question de savoir si elles doivent être ou non considérées comme faites avec dispense de rapport, appartiennent à la matière des successions.

Au nombre des libéralités préciputaires il faut ranger les ventes dont il est question dans l'art. 918. Soit que, incertain sur la véritable nature de ces actes, le législateur ait pris un terme moyen entre le contrat à titre onéreux et la simple libéralité, soit que, suivant une autre opinion, les considérant comme des libéralités, il ait vu dans la forme de vente dont elles étaient revêtues l'intention de dispenser du rapport, le législateur les a formellement déclarées imputables sur la portion disponible.

Les successibles réservataires ont-ils reçu des libéralités en avancement d'hoirie, il faut faire une distinction : le donataire accepte-t-il la succession, la libéralité qu'il a reçue vient en déduction de sa part de réserve; s'il renonce, la loi l'autorise à conserver la libéralité; mais, étranger à la succession, il n'a pas droit à une réserve. La libéralité sera donc comptée pour la formation de la masse disponible. Telle est la disposition expresse de l'art. 845. On a donné, il est vrai, aux mots *portion disponible* de cet article un sens différent de celui qu'on reconnaît aux expressions *quo-*

tité disponible; on a dit qu'ils signifiaient valeur égale
à la portion disponible, de sorte que l'enfant donataire
qui renonce garderait son don jusqu'à concurrence de
la portion disponible, c'est-à-dire d'une valeur égale à
la portion disponible, mais que les biens qui en ont
fait l'objet seraient imputés sur la part de réserve
qu'il aurait eue s'il avait accepté la succession, et ne
diminueraient pas la portion disponible entre les mains
du père. Cette interprétation, qui est contredite par les
textes eux-mêmes, est en opposition directe avec les
principes précédemment développés sur la nature de
la réserve ; elle aurait pour résultat de détruire entre
les héritiers réservataires le droit d'accroissement, en
faisant profiter les légataires de la part de celui qui renonce à la succession.

Au point de vue des principes du droit, cette question est la même que celle de savoir si l'enfant donataire qui renonce peut cumuler sa part de réserve et la
portion disponible. Tout le monde accorde, en effet, que
l'enfant donataire renonçant peut conserver la portion
disponible. Il s'agit de savoir s'il peut conserver sa
part de réserve ; or, imputer le don de l'enfant qui renonce sur sa part de réserve c'est lui attribuer des biens
réservés ; les deux questions n'en font donc qu'une.

Si la valeur de toutes ces libéralités ainsi réunies
est, au plus, égale au chiffre de la portion disponible,
elles recevront toutes leur effet ; mais si elles le dépassent, si la réserve se trouve entamée, elles seront ra-
menées dans les limites de la quotité disponible par le
moyen de la réduction.

CHAPITRE IV.

DE LA RÉDUCTION.

La réduction est la sanction des règles sur la réserve et la quotité disponible; annuler les libéralités qui auraient entamé la réserve, c'eût été dépasser le but. Celui qui a donné plus que la loi ne lui permettait n'est cependant frappé d'aucune incapacité personnelle; s'il n'a pu disposer que d'une certaine partie de ses biens, cette restriction à son droit de propriété a une cause étrangère : elle est fondée sur l'état de sa famille. Ce que la loi devait faire, c'était d'accorder aux parents, en faveur desquels elle établit cette restriction, le moyen de faire respecter leurs droits.

Ce moyen, c'est l'action en réduction par laquelle les héritiers réservataires conservent pour eux ce que le défunt avait légué, ou reprennent ce qu'il avait donné au delà de la quotité disponible (1).

SECTION PREMIÈRE.

DE CEUX QUI PEUVENT DEMANDER LA RÉDUCTION ET EN PROFITER.

De ce que la réduction n'est que la sanction de l'institution de la réserve, il paraît tout simple de conclure qu'elle n'appartient qu'à ceux qui pourraient réclamer la réserve, si le défunt n'avait pas fait de donations. Qu'importe, en effet, que la réserve se trouve dans les biens existants au décès, ou qu'elle soit entre les mains

(1) Mourlon, t. 2, p 260.

des donataires ? L'usage légitime ou immodéré que le défunt a fait de la faculté de disposer ne doit pas changer la nature du droit des réservataires. L'art. 921, pas plus que les art. 913 et 915, ne constitue en leur faveur un titre de propriété; leur titre, c'est l'art. 724 qui leur donne la saisine ; ils ne peuvent donc avoir droit à la réduction qu'autant qu'ils se portent héritiers ; ceux qui renoncent ne peuvent la demander.

Cette doctrine , a-t-on dit, peut être exacte pour le cas où la réserve se trouve dans les biens existants au décès; mais, quand le patrimoine est épuisé par les donations, il n'y a plus de succession; il ne peut être question de droits héréditaires ni de saisine. Cette proposition est inexacte; sur quoi s'appuie-t-on pour prétendre qu'il n'y a plus de succession ? — On invoque la discussion qui a eu lieu au Conseil d'Etat sur l'art. 921 ; mais il s'agissait de régler les rapports des créanciers et des réservataires; on pouvait dire avec raison qu'à l'égard des créanciers il n'y a pas de succession, lorsque tous les biens ont été donnés entre-vifs. En admettant que le réservataire qui demande la réduction ne fût pas soumis à l'action des créanciers , qu'il pût conserver les biens recouvrés par la réduction, en résulterait-il qu'à l'égard des donataires et des autres réservataires il eût droit de demander la réduction sans se porter héritier?

La réduction est donc une espèce d'action en pétition d'hérédité; elle ne peut être intentée que par les héritiers en faveur desquels la loi établit une réserve, mais elle peut l'être par tous ceux auxquels elle l'accorde expressément ou tacitement, enfants légitimes ,

naturels ou adoptifs, ascendants légitimes ou naturels.
La donation faite à un second époux au delà des limites
de l'art. 1098 ne peut donc être réduite que sur la demande des enfants du premier lit, et l'action s'éteint
s'ils sont prédécédés ou s'ils renoncent à la succession.

Elle appartient aussi, en vertu des principes généraux,
aux représentants ou ayants cause des réservataires,
héritiers légitimes, successeurs irréguliers, donataires,
créanciers, cessionnaires. Le droit à la réserve est un
bien qui fait partie du patrimoine; les héritiers des
réservataires en sont saisis au décès comme de tous
ses autres droits et actions. Le propriétaire a pu le
donner, le léguer, le vendre comme toute autre chose.
Ses créanciers, qui ont pour gage tous ses biens, pourront exercer à sa place l'action en réduction (art. 1166):
elle n'a qu'un intérêt pécuniaire; elle n'est point de
celles qui sont réservées au seul débiteur.

Les réservataires et leurs ayants cause sont les seules
personnes qui puissent l'exercer; elle est formellement
refusée par la loi à tous autres, donataires, légataires
ou créanciers du défunt. Il est évident que les donataires et légataires ne peuvent demander la réduction:
le testateur n'a pu attribuer à ces derniers un droit
sur une chose qu'il avait déjà donnée. Le même motif
s'applique aux premiers en ce qui concerne les donations antérieures aux libéralités qui leur ont été faites;
et pour celles qui sont postérieures, elles ne leur
causent aucun préjudice. Il est tout aussi évident
qu'une fois la réduction opérée, ni les uns ni les autres ne peuvent en profiter, en demandant à l'héritier

l'exécution de leurs donations ou de leurs legs; il n'y
aurait plus alors de réserve. Mais ce ne serait pas de
la part des donataires ou légataires demander la réduction ou vouloir en profiter que de veiller à ce que leurs
libéralités ne soient réduites que suivant l'ordre et les
règles établis par la loi.

Les créanciers ne peuvent pas non plus intenter
l'action en réduction. L'art. 921 ne parle que des donations, parce que les biens légués sont encore dans la
succession, et soumis par conséquent à l'action des
créanciers. Si les donations sont antérieures à leurs
créances, ils n'ont pas dû compter sur des biens qui
étaient sortis du patrimoine de leur débiteur; si elles
sont postérieures, ils subissent les conséquences de
leur propre négligence. Ils pouvaient prendre des pré-
cautions pour la sûreté de leurs créances et ne pas
suivre la foi de leur débiteur; ils n'ont plus que la
ressource de l'art. 1167, au cas où ses libéralités
seraient frauduleuses; il était donc juste de refuser
aux créanciers l'action en réduction, qui n'est établie
qu'en faveur des réservataires.

Par la même raison, ils ne doivent pas profiter des
biens que les réservataires ont obtenus en exerçant
cette action. Il faut, bien entendu, qu'il n'existe aucuns
biens dans la succession, car alors le réservataire ne
pourrait demander la réduction qu'après avoir recueilli
les biens existants; il accepterait donc la succession,
et, obligé sur ses biens personnels, il le serait à plus
forte raison sur ceux qu'il aurait obtenus par la réduction. Pour éviter ce résultat, il doit accepter sous bénéfice d'inventaire.

La conciliation de ce résultat, demandé par la raison et l'équité, avec le principe de la saisine des héritiers, avait embarrassé les jurisconsultes de l'ancien droit, et elle fut l'objet d'une discussion longue et animée au Conseil d'Etat. La difficulté venait, dans l'ancien droit, de ce qu'on se trouvait en présence de ce seul principe de la législation, que les héritiers sont saisis des biens du défunt et par conséquent de la légitime, qu'elle se trouve ou non dans la succession ; que, dès lors, ils sont soumis à l'action des créanciers. De là les efforts faits par les jurisconsultes pour éviter l'application de ce principe aux biens obtenus par la réduction, et la variété des moyens proposés.

Mais aujourd'hui, sous le Code Napoléon, à côté de ce principe se trouve l'exception. La loi est bien libre d'accorder ou de refuser tel ou tel droit et de dire aux créanciers : le réservataire qui demande la réduction fait acte d'héritier ; il devrait donc être soumis à vos poursuites, conformément aux principes généraux ; mais je fais en sa faveur une exception à ces principes, et je vous refuse toute action sur les biens qu'il aura recouvrés par la réduction. Le réservataire qui demande la réduction n'est donc pas, pour ce fait seul, exposé à l'action des créanciers. Il est inutile qu'il accepte sous bénéfice d'inventaire ; il lui suffit, comme le lui conseillait Dumoulin, de s'abstenir de la succession (1) et de demander la réduction.

_____

(1) Cons. 35, n°s 16 et suiv.; M. Troplong, *Don. et Test.*, n°s 926 et 927.

SECTION II.

COMMENT S'OPÈRE LA RÉDUCTION.

Toutes les libéralités que le défunt a faites dans les limites de la quotité disponible ont été bien faites; tant qu'il n'a pas entamé la réserve, il a pu valablement disposer. Ces libéralités sont donc à l'abri de toute critique de la part de ses héritiers; ils ne peuvent attaquer que les dispositions qu'il a faites après que la quotité disponible avait été déjà épuisée par des libéralités antérieures. La réduction ne doit donc pas frapper les libéralités toutes ensemble et proportionnellement, mais bien séparément, par ordre de dates, de telle sorte que la plus récente soit réduite avant celle qui la précède. Cette règle avait souffert quelques difficultés dans l'ancien droit; elle y était cependant généralement admise (1); elle n'est pas moins conforme au principe de l'irrévocabilité des donations qu'à ceux de la réserve et de la quotité disponible. Faire subir aux libéralités une réduction proportionnelle, ce serait autoriser le disposant à révoquer, au moyen de dispositions entre-vifs ou testamentaires, ses donations antérieures.

De ce principe qu'il faut suivre l'ordre des dates pour la réduction des libéralités, il résulte : 1° que les legs doivent être réduits avant les donations, car ils ont pour date le moment du décès du testateur; peu importe la date du testament, fût-il antérieur aux do-

(1) Lebrun, *Success.*, l. 2, ch. 3, sect. 8, n⁰ˢ 5 et suiv.

nations ; ils sont donc tous postérieurs à celles-ci ;
2° qu'ils sont réductibles proportionnellement, puisqu'ils ont tous la même date ; 3° que, pour les donations, la réduction se fera en commençant par la dernière, et ainsi de suite en remontant des dernières
aux plus anciennes (art. 923).

Avant de procéder à la réduction, il faut ramener à
une valeur en pleine propriété les dispositions entre-
vifs ou testamentaires qui consistent en usufruit ou en
rente viagère, afin d'avoir une commune mesure.

Le disposant a-t-il fait des libéralités entre-vifs ou
testamentaires, si la valeur des premières est inférieure à la quotité disponible, et que les legs dépassent
le restant de cette quotité, ils seront réductibles. Il en
sera de même lorsqu'il n'y aura pas de donations
entre-vifs, mais que les legs excéderont la quotité
disponible (art. 926). La réduction a lieu au marc le
franc, c'est-à-dire proportionnellement à la valeur de
chaque legs. On détermine d'abord la portion de
biens disponible à l'égard des légataires. La valeur à
laquelle chaque legs doit être réduit est d'une fraction
de cette portion égale à la fraction que ce legs présente relativement à la somme de tous les biens légués. Cette règle est applicable dans tous les cas, soit
que les legs entament seulement la réserve, soit qu'ils
l'absorbent tout entière, ou même qu'ils dépassent la
valeur de tout le patrimoine.

Tous les legs sont, en principe, soumis à la réduction
proportionnelle : c'est la disposition formelle de l'article 926. Le Code a pris un terme moyen entre les
coutumes, qui soumettaient les legs universels à la

réduction avant les legs particuliers, et le droit écrit,
où le respect de l'institution d'héritier faisait décider
le contraire (1). Cette règle souffre exception cependant, lorsque le testateur a manifesté une volonté contraire. Si le principe de la réduction par ordre de dates
doit être, pour les donations, indépendant de cette volonté, il n'y a aucun inconvénient à s'y conformer
pour la réduction des dispositions testamentaires. Le
testateur est le maître de placer où il veut ses libéralités; par conséquent, dans tous les cas où il aura expressément déclaré qu'il entend que tel legs soit ac-
quitté de préférence aux autres, cette préférence aura
lieu, et le legs qui en sera l'objet ne sera réduit
qu'autant que la valeur des autres ne remplirait pas
la réserve légale (art. 927).

Le testateur peut avoir manifesté l'intention qu'un
legs soit réduit avant les autres ; c'est ce qui a lieu au
cas où il a légué la quotité disponible. La présence des
réservataires ne fait subir aucune réduction au légataire universel; il ne peut en faire subir une aux legs
particuliers, qu'il devra acquitter jusqu'à concurrence
du disponible (articles 926 et 1009 combinés) (2). La
quotité disponible est pour lui tout le patrimoine; il se
trouve dans la même position que s'il était légataire
universel de tous les biens et qu'il n'y eût pas de réservataires. Il serait tenu d'acquitter tous les legs jusqu'à concurrence de la valeur du patrimoine.

Les legs ne seraient plus seulement réductibles,
mais bien caducs, si la valeur des dispositions entre-

(1) Fenet, xii, p. 449.
(2) Duranton, viii, 364; ix, 183 et 205.

vifs égalait ou excédait la quotité disponible ; et, dans ce second cas, il faudrait procéder à la réduction des donations. Ici l'ordre des dates est suivi d'une manière rigoureuse. La réduction proportionnelle ne pourrait avoir lieu que pour les donations qui auraient été faites par le même acte ; si elles l'avaient été par actes séparés, fût-ce le même jour, celle dont la priorité se trouverait établie par une mention contenue dans les actes serait réduite avant l'autre.

Il n'y a aucune distinction à faire entre les différentes donations à raison de leur nature ou de la qualité des parties, la libéralité directe ou celle qui a été déguisée sous la forme d'un contrat à titre onéreux, les donations entre époux pendant le mariage et révocables à leur volonté, les institutions contractuelles, les dispositions en faveur des étrangers ou des réservataires.

Pour les donations déguisées, il est évident que le détour employé par le disposant ne peut créer en faveur du donataire une position plus favorable qu'il ne devrait qu'à une double violation de la loi.

Les dispositions entre époux pendant le mariage, quoique révocables, produisent leur effet et transfèrent la propriété du jour du contrat. La loi les range d'ailleurs formellement parmi les donations ; il faut donc leur appliquer l'art. 923. Pour parler de réduction, il faut évidemment supposer que la donation n'a pas été révoquée. Ce sera le plus souvent une question de fait. Mais, en principe, on ne peut voir une intention de révocation dans les donations postérieures faites par l'époux ; il est plus naturel de supposer qu'il a voulu que le second donataire profitât du restant du dispo-

8

nible, après l'exécution de la première libéralité. D'ailleurs, en suivant ce raisonnement, on arriverait à un
résultat qui est en complète opposition avec celui que
la loi a consacré. L'art. 926 soumet en effet tous les
legs à une réduction proportionnelle, au lieu de suivre
l'ordre des testaments.

Les institutions contractuelles, comme les donations
entre époux, confèrent un droit actuel au donataire;
elles sont d'ailleurs, au point de vue de la réduction,
frappées de la même irrévocabilité que les autres donations; il est donc impossible de les soumettre à la réduction proportionnelle (1).

Enfin, les libéralités faites aux réservataires et imputables sur le disponible sont réductibles à leur date
comme toutes autres, que ce soient des dispositions
précipulaires ou des donations en avancement d'hoirie
faites à un réservataire qui renonce à la succession.
L'opinion isolée d'un auteur (2), qui veut donner pour
date à ces dernières dispositions le moment de la renonciation, n'est pas fondée.

Dans une autre opinion, qui a pour elle l'autorité des
arrêts de la Cour de cassation, on réduit à sa date la
donation en avancement d'hoirie faite au réservataire
qui renonce, mais on lui permet de cumuler avec la
portion disponible sa part de réserve. Cette solution est
absolument incompatible avec les principes précédemment exposés sur la nature de la réserve. La part de
réserve du renonçant accroît à ses cohéritiers; il ne

(1) Mourlon, t. 2, p. 271.
(2) Marcadé sur art. 923, n.

peut donc la retenir, à moins qu'il ne trouve dans la
loi un texte formel qui lui concède cette faveur. Mais
ce texte n'existe pas ; la seule disposition relative au
droit de rétention par l'enfant donataire renonçant est
l'art. 845, qui ne l'autorise qu'à conserver la portion
disponible. Et c'est déjà une faveur qu'elle lui accorde :
donataire en avancement d'hoirie, il devrait, s'il ne
vient pas à la succession, restituer ce qu'il n'avait reçu
que sous la condition d'accepter.

On dit que la portion disponible est tout ce que la loi
ne réserve pas aux héritiers du donateur ; que les frères
du renonçant ne peuvent réclamer dès qu'ils ont leur
réserve. Mais cette objection se trouve déjà réfutée
par ce qui a été dit plus haut. On a voulu argumenter
aussi de l'art. 924, en le comparant à l'ordonnance de
1731, qui autorisait le cumul, et d'où il a été tiré ; mais
on a précisément omis dans l'article les mots qui, dans
l'ordonnance, consacraient d'une manière si nette le système du cumul. D'ailleurs, par suite de l'admission de
l'amendement du Tribunat, l'art. 924 ne se rapporte
qu'à l'enfant qui accepte.

Toute la force de l'opinion contraire est dans les
souvenirs des anciennes législations ; ce sont les précédents qui font la grande difficulté de la question.
Oui, sans doute, en droit romain et dans l'ancien droit,
le donataire pouvait retenir sa part de légitime ; mais
c'est qu'il y avait des dispositions de lois qui le lui per-
mettaient, dispositions qui n'étaient que l'application
de ce principe, que la légitime était attribuée individuellement à chaque enfant. Mais, à côté de la légitime
de droit, il y avait les réserves coutumières, qui étaient

recueillies à titre héréditaire. Celui qui renonçait ne pouvait conserver que la portion disponible ; il devait souffrir la réduction de la partie de sa donation qui comprenait des biens réservés. Cette différence entre les deux institutions est parfaitement établie par Ricard dans son *Traité des donations*, part. 3, nᵒˢ 1460-1463, 1468, et Pothier, *des Donations entre-vifs*, sect. 3, art. 6, § 1. Et comme c'est le système des réserves qu'ont suivi les rédacteurs du Code, on doit refuser à l'enfant donataire le droit de cumuler sa part de réserve et la quotité disponible.

Quant aux résultats de l'un ou de l'autre système, il est inutile de les examiner en présence des principes certains du droit; il suffit de signaler celui-ci : c'est que, dans l'opinion des partisans du cumul, l'enfant simple donataire en avancement d'hoirie qui renonce à la succession est aussi avantagé que celui qui, donataire par préciput, accepte la succession.

SECTION III.

EFFETS DE LA RÉDUCTION.

Les donations faites après l'épuisement de la quotité disponible sujettes à réduction ont porté sur des biens qui faisaient partie de la réserve et qui sont la propriété des héritiers; ceux-ci ont le droit de demander en nature leur part héréditaire (art. 826). Les biens soumis à la réduction doivent donc rentrer en nature dans la succession. Les donataires, propriétaires sous cette condition résolutoire, écrite par la loi elle-même, que leurs donations n'entameraient pas la réserve, n'ont pu constituer sur les biens à eux donnés que des droits conditionnels, comme l'est leur propre droit. Si la condition vient à s'accomplir, la résolution a lieu *ex causa antiqua ;* toutes les charges, hypothèques, servitudes, usufruit, mises sur les biens par les donataires, doivent tomber avec leur droit de propriété (art. 929).

Il en devrait être de même des aliénations qu'ils ont consenties (il ne s'agit que des immeubles, bien entendu ; l'art. 2279 s'oppose à la revendication des meubles). Mais la loi a préféré l'intérêt des tiers à ce principe de la résolution ; elle concilie la stabilité de la propriété avec l'intérêt des réservataires ; elle maintient les aliénations, sauf aux réservataires à se faire payer de leur légitime par les donataires en les discutant dans tous leurs biens, ceux qu'ils tiendraient du donateur et ceux qui leur seraient personnels (1). Mais si, après la discussion, les héritiers n'avaient pas leur réserve complète, la règle : *resoluto jure dantis, resolvitur jus accipientis,* reprendrait son empire. La loi ne soumet point la discussion dont il s'agit ici aux règles des articles 2019 et 2023 du titre du cautionnement. Le donataire ne serait donc pas obligé d'avancer les frais, et le réservataire ne pourrait se refuser à discuter les biens éloignés du lieu de l'ouverture de la succession (2).

Le donataire pourrait arrêter les poursuites du légitimaire en lui complétant en argent sa réserve. Les tiers acquéreurs auraient le même droit, puisque le réservataire aurait dû se contenter d'une somme d'ar-

(1) Fenet, xii, 592.
(2) Duranton, viii, 374.

gent, si le donataire avait été solvable. Entre les acquéreurs de plusieurs donataires, comme entre plusieurs
sous-acquéreurs, il faudrait toujours suivre l'ordre des
dates et la règle de la discussion préalable. Le sous-
acquéreur ne pourrait être poursuivi qu'après la discussion des biens de l'acquéreur principal (art. 930 .

Les donataires soumis à réduction et les réservataires
devront se tenir compte respectivement des améliorations ou détériorations faites aux biens par les donataires. Quant aux fruits, les héritiers ne peuvent demander que ceux qui sont échus depuis le décès; mais
tous ceux qui sont échus depuis ce moment leur appartiennent, parce qu'ils ont droit du jour du décès à
tout ce qui dépasse la quotité disponible. Mais, dans
l'intérêt des donataires, pour lesquels une demande
formée plusieurs années après le décès pourrait être
très-désastreuse, la loi veut que le réservataire l'intente dans l'année. C'est là un délai de droit étroit; il
court du jour du décès, et non de celui où l'héritier en
a eu connaissance (1). Après l'expiration de ce délai,
le réservataire n'a plus droit aux fruits que du jour de
la demande (art. 928). C'est une nouvelle différence
entre le donataire soumis à réduction et l'héritier donataire qui rapporte (art. 856); l'intérêt de celui-ci
s'efface devant le principe de l'égalité entre les héritiers; il ne peut pas d'ailleurs ignorer sa position. Mais
l'action intentée dans l'année contre le donataire ne
réfléchirait pas contre le tiers acquéreur, qui ne doit les
fruits que du jour de la demande dirigée contre lui
personnellement (2).

(1) Coin-Delisle sur art. 928, n° 4.
(2) Lebrun, *Successions*, l. 2, ch. 3, sect. XII, n° 16.

Ces règles s'appliqueraient également aux donations
de sommes d'argent; les intérêts seraient dus à partir
du décès, si la réduction était demandée dans l'année.

Le principe que les biens doivent rentrer en nature
dans la succession souffre deux autres exceptions : la
première a lieu lorsqu'il s'agit de choses fongibles; le
donataire atteint par la réduction est alors simple débiteur de la valeur des choses qu'il a reçues; la seconde, dans certains cas où le donataire est un héritier
réservataire. Si la valeur de l'immeuble donné est égale
à celle de la quotité disponible et de la part héréditaire
du donataire réunies, ou qu'on puisse retrancher de
cet immeuble une portion égale à cette valeur, et que,
dans les deux cas, il y ait dans la succession des biens
de même nature, le légitimaire donataire conserve sa
donation jusqu'à concurrence du disponible et de sa
part de réserve (1).

Mais, s'il n'y a pas dans la succession des biens
de même nature, alors même que le retranchement
pourrait être opéré, le donataire conserve le disponible
seulement et rapporte l'excédant à la succession.

Que si le retranchement ne peut s'opérer commodé-
ment, il faut examiner quelle est la valeur de l'immeuble comparée à celle de la quotité disponible.
L'excédant de la portion disponible est-il de plus de la
moitié de la valeur de l'immeuble, le donataire doit
rapporter l'immeuble en totalité, sauf à prélever sur la
masse la valeur du disponible; est-il de moins de
moitié, le donataire peut retenir l'immeuble en totalité,
sauf à moins prendre et à récompenser ses cohéritiers

(1) Duranton, vii, 402.

(art. 859, 866 et 924 combinés) (1). Mais, si l'excédant
du disponible était précisément égal à la valeur de la
moitié de l'immeuble, comment réglerait-on les droits
du donataire? — La loi n'a pas prévu le cas. L'intérêt
légitime des cohéritiers du donataire demande que
celui-ci rapporte l'immeuble en totalité.

Malgré la faveur attachée par la loi à la réserve,
l'action en réduction est soumise à la prescription,
comme toutes les autres actions qui ne tiennent pas à
l'état même des personnes. Elle se prescrit par trente
ans, ou dix à vingt ans, selon qu'elle peut être exercée
contre un donataire ou un acquéreur de ce donataire.
Dans les deux cas, elle ne commence à courir qu'au
décès du disposant. Le droit des réservataires ne s'est
ouvert qu'à ce moment : la prescription ne court pas
contre ceux qui ne peuvent l'interrompre.

Quant au donataire, sa donation lui a été faite sous
condition résolutoire ; il est personnellement obligé à
restituer les biens donnés, si la condition se réalise. Il
s'agit pour lui de prescrire sa libération : ce qui ne peut
se faire que par trente ans. Le tiers acquéreur, au contraire, invoque la prescription acquisitive ; elle pourra
donc s'accomplir par dix à vingt ans, s'il est de bonne
foi. Aucun texte ne s'oppose à l'application de cette
règle générale. L'opinion contraire, soutenue dans
l'ancien droit par Bourjon (2), doit être rejetée. Il faut
écarter l'art. 960, dont on voudrait faire application ici.
Cet article contient une disposition exorbitante du droit
commun, qu'on ne doit pas étendre.

(1) Mourlon, t. 2, p. 172 et 272.
(2) T. 1ᵉʳ, p. 881, nº 77.

POSITIONS.

DROIT ROMAIN.

I. Explication des lois 1 à 25 du titre *de rei vindi-catione*, au Digeste.

II. D'après les anciens jurisconsultes romains, le possesseur de bonne foi est-il obligé de restituer les *fructus exstantes* au moment de la *litis contestatio?*—Non.

III. La novelle 18, en augmentant la légitime, n'a pas changé le caractère d'attribution individuelle qu'elle avait dans l'ancien droit.

IV. Essai de conciliation des lois 14 et 31 *princip.* au ff. *de inof. test.*, et 34 au C., même titre.

V. Explication de la loi 41, ff. *de rebus creditis*.

VI. L'inobservation des règles prescrites par la nov. 115 n'entraîne pas de plein droit la nullité du testament.

DROIT FRANÇAIS.

DROIT CIVIL.

I. Les enfants renonçants comptent pour le calcul de la réserve.

II. Le réservataire donataire ou légataire en avancement d'hoirie, qui renonce à la succession, ne peut conserver son don ou son legs que dans les limites de ce qui est disponible à l'égard d'un étranger.

III. La femme qui accepte la communauté exerce ses reprises à titre de créancière.

IV. Explication des art. 866 et 924 du C. N.

V. Les biens compris dans un partage d'ascendant

9

doivent être réunis à la masse des biens pour le calcul de la réserve et de la quotité disponible.

VI. Les habitants d'une commune peuvent-ils être témoins dans un procès intéressant la commune ? — Il faut distinguer.

VII. La femme ne peut être autorisée par la justice à faire le commerce, en cas de refus de la part de son mari.

DROIT CRIMINEL.

VIII. L'individu cité devant un tribunal de répression, qui élève l'exception préjudicielle de propriété, ne doit pas toujours être obligé à prouver sa propriété.

IX. Celui qui est frappé d'interdiction légale ne peut faire un testament valable.

X. L'action civile résultant d'un crime se prescrit par le même laps de temps que l'action publique, même lorsqu'elle est poursuivie séparément.

DROIT ADMINISTRATIF.

XI. L'art. 15 de la loi du 21 avril 1810 sur les mines s'applique aux constructions élevées après la concession.

XII. Les usagers qui ne se sont pas fait connaître à l'administration dans les délais prescrits par l'art. 21 de la loi du 3 mai 1841 peuvent demander une indemnité au propriétaire.

XIII. Les actes administratifs emportent-ils hypothèque ? — Il faut distinguer.

XIV. Dans le cas de contraventions commises sur une voie publique qui est à la fois rue et grande route, peut-on saisir indistinctement le conseil de préfecture ou les tribunaux ordinaires ? — Non.

TABLE.

Poitiers. — Imp. de A. Dupré.

9

www.ingramcontent.com/pod-product-compliance
Lightning Source LLC
Chambersburg PA
CBHW071911200326
41519CB00016B/4564